100

FAITS À SAVOIR SUR LES

VOITURES

SCRIBE DU TEMPS

PRÉFACE

CHER LECTEUR,

BIENVENUE DANS "100 FAITS À SAVOIR SUR LES VOITURES", UN PÉRIPLE À TRAVERS LES NOMBREUSES FACETTES DE L'UNIVERS AUTOMOBILE. CE LIVRE EST UNE MOSAÏQUE D'HISTOIRES, D'INNOVATIONS, ET DE MOMENTS CLÉS QUI ENSEMBLE TISSENT LE RICHE TAPIS DE L'HISTOIRE AUTOMOBILE.

CHAQUE CHAPITRE DE CE LIVRE EST UNE ESCALE DANS LE VOYAGE EXTRAORDINAIRE DE L'AUTOMOBILE, DEPUIS SES DÉBUTS HUMBLES DANS LES ATELIERS DES PREMIERS INVENTEURS JUSQU'À SA PLACE ACTUELLE EN TANT QUE PIVOT DE LA MODERNITÉ ET DE L'AVANCÉE TECHNOLOGIQUE. À TRAVERS 100 FAITS SOIGNEUSEMENT SÉLECTIONNÉS, NOUS EXPLORONS LA COMPLEXITÉ ET LA BEAUTÉ DE CETTE INVENTION QUI A TRANSFORMÉ LE MONDE.

CE LIVRE N'EST PAS SEULEMENT UNE COMPILATION DE FAITS ; C'EST UN HOMMAGE À LA VOITURE ET À SON IMPACT INDÉLÉBILE SUR NOTRE VIE QUOTIDIENNE, NOTRE CULTURE ET NOTRE ENVIRONNEMENT. CHAQUE FAIT EST UNE FENÊTRE OUVERTE SUR UN ASPECT DIFFÉRENT DE L'AUTOMOBILE - QUE CE SOIT UNE PERCÉE TECHNOLOGIQUE, UNE FIGURE HISTORIQUE MARQUANTE, OU UN MODÈLE EMBLÉMATIQUE.

NOUS AVONS CONÇU "100 FAITS À SAVOIR SUR LES VOITURES" POUR ÊTRE ACCESSIBLE À TOUS, DES

PASSIONNÉS D'AUTOMOBILE AUX LECTEURS OCCASIONNELS. NOTRE OBJECTIF EST D'ENRICHIR VOTRE CONNAISSANCE ET DE STIMULER VOTRE CURIOSITÉ, EN VOUS OFFRANT UNE PERSPECTIVE ÉCLAIRÉE SUR LES VOITURES QUI PEUPLENT NOS ROUTES ET FAÇONNENT NOS PAYSAGES URBAINS ET RURAUX.

ALORS INSTALLEZ-VOUS CONFORTABLEMENT ET PRÉPAREZ-VOUS À DÉMARRER CETTE AVENTURE CAPTIVANTE. CHAQUE PAGE QUE VOUS TOURNEREZ VOUS RAPPROCHERA UN PEU PLUS DE LA COMPRÉHENSION DE L'UNE DES PLUS GRANDES INVENTIONS DE L'HUMANITÉ. NOUS VOUS SOUHAITONS UNE LECTURE AGRÉABLE ET INSTRUCTIVE.

1

NAISSANCE DE L'AUTOMOBILE

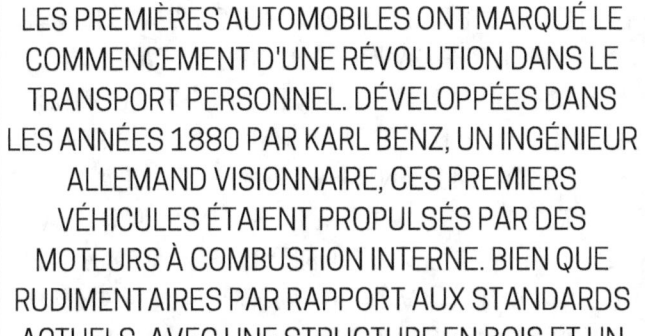

LES PREMIÈRES AUTOMOBILES ONT MARQUÉ LE COMMENCEMENT D'UNE RÉVOLUTION DANS LE TRANSPORT PERSONNEL. DÉVELOPPÉES DANS LES ANNÉES 1880 PAR KARL BENZ, UN INGÉNIEUR ALLEMAND VISIONNAIRE, CES PREMIERS VÉHICULES ÉTAIENT PROPULSÉS PAR DES MOTEURS À COMBUSTION INTERNE. BIEN QUE RUDIMENTAIRES PAR RAPPORT AUX STANDARDS ACTUELS, AVEC UNE STRUCTURE EN BOIS ET UN MOTEUR MONOCYLINDRE DE 0,75 CHEVAUX, CES AUTOMOBILES ONT JETÉ LES BASES DE L'ÉVOLUTION DES TRANSPORTS MOTORISÉS. ELLES REPRÉSENTAIENT UN CHANGEMENT RADICAL PAR RAPPORT AUX MOYENS DE TRANSPORT DE L'ÉPOQUE, OUVRANT LA VOIE À DES AVANCÉES QUI ALLAIENT TRANSFORMER LA SOCIÉTÉ ET LE MONDE INDUSTRIEL.

2

PREMIÈRE VOITURE COMMERCIALE

EN 1886, LA BENZ PATENT-MOTORWAGEN A FAIT SON ENTRÉE DANS L'HISTOIRE EN TANT QUE PREMIÈRE VOITURE COMMERCIALISÉE. CONÇUE PAR KARL BENZ, CETTE VOITURE À TROIS ROUES ÉTAIT ALIMENTÉE PAR UN MOTEUR À COMBUSTION, UNE PROUESSE TECHNIQUE À CETTE ÉPOQUE. AVEC UNE VITESSE MAXIMALE D'ENVIRON 16 KM/H, LA MOTORWAGEN N'ÉTAIT PAS CONÇUE POUR LA VITESSE, MAIS ELLE INCARNAIT UN PAS DE GÉANT DANS L'INGÉNIERIE AUTOMOBILE. CE VÉHICULE SYMBOLISAIT LE DÉBUT D'UNE NOUVELLE ÈRE, OÙ LA MOBILITÉ INDIVIDUELLE MOTORISÉE DEVENAIT UNE RÉALITÉ, CHANGEANT PROFONDÉMENT LES HABITUDES DE TRANSPORT ET LA VIE QUOTIDIENNE.

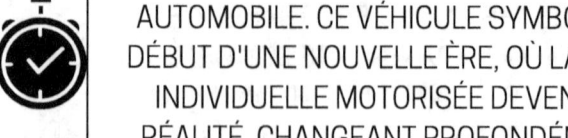

3

RÉVOLUTION HENRY FORD

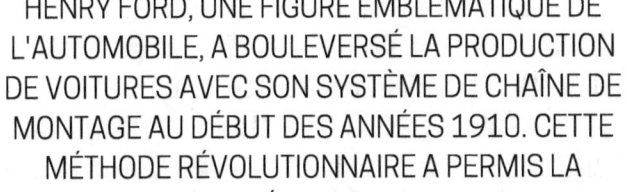

HENRY FORD, UNE FIGURE EMBLÉMATIQUE DE L'AUTOMOBILE, A BOULEVERSÉ LA PRODUCTION DE VOITURES AVEC SON SYSTÈME DE CHAÎNE DE MONTAGE AU DÉBUT DES ANNÉES 1910. CETTE MÉTHODE RÉVOLUTIONNAIRE A PERMIS LA PRODUCTION EN SÉRIE DE LA FORD MODEL T, RENDANT LA VOITURE ACCESSIBLE À UNE PLUS LARGE PARTIE DE LA POPULATION. AUPARAVANT, LES VOITURES ÉTAIENT ASSEMBLÉES À LA MAIN, CE QUI LES RENDAIT ONÉREUSES ET HORS DE PORTÉE POUR BEAUCOUP. LA TECHNIQUE DE FORD A NON SEULEMENT DÉMOCRATISÉ LA VOITURE, MAIS A AUSSI POSÉ LES FONDEMENTS DE LA PRODUCTION INDUSTRIELLE MODERNE, MODIFIANT DURABLEMENT L'INDUSTRIE MANUFACTURIÈRE ET LA SOCIÉTÉ ELLE-MÊME.

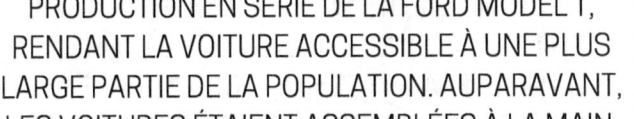

4

PREMIER ACCIDENT AUTOMOBILE

EN 1891, OHIO CITY, OHIO, EST ENTRÉ DANS L'HISTOIRE DE MANIÈRE INATTENDUE EN TANT QUE SITE DU PREMIER ACCIDENT DE VOITURE ENREGISTRÉ. CE MOMENT MARQUE UN TOURNANT DANS L'HISTOIRE DE L'AUTOMOBILE, SOULIGNANT LES RISQUES POTENTIELS ASSOCIÉS À CETTE NOUVELLE TECHNOLOGIE. À CETTE ÉPOQUE, LES VOITURES ÉTAIENT DES CURIOSITÉS RARES ET SOUVENT MAL COMPRISES. CET ACCIDENT A ÉTÉ UN SIGNAL PRÉCOCE QUE, MALGRÉ LEUR POTENTIEL RÉVOLUTIONNAIRE, LES VOITURES NÉCESSITERAIENT DE NOUVELLES RÉGLEMENTATIONS ET MESURES DE SÉCURITÉ. CE PREMIER ACCIDENT A JETÉ LES BASES D'UNE PRISE DE CONSCIENCE ET D'UNE ÉVOLUTION CONSTANTE DES NORMES DE SÉCURITÉ ROUTIÈRE, AFFECTANT LA CONCEPTION DES VÉHICULES, LA FORMATION DES CONDUCTEURS ET LES LOIS SUR LA CIRCULATION.

5

RECORD VITESSE SSC TUATARA

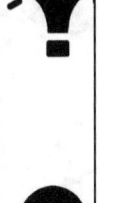

LE RECORD ACTUEL DE VITESSE POUR UNE VOITURE DE SÉRIE EST DÉTENU PAR LA SSC TUATARA, UN CHEF-D'ŒUVRE DE L'INGÉNIERIE AUTOMOBILE, ATTEIGNANT UNE VITESSE AHURISSANTE DE 532,93 KM/H. CETTE PROUESSE, RÉALISÉE EN 2020, REPOUSSE LES LIMITES DE CE QUE L'ON PENSAIT POSSIBLE DANS L'AUTOMOBILE. LA SSC TUATARA, AVEC SON DESIGN AÉRODYNAMIQUE ET SON MOTEUR SURPUISSANT, EST LE RÉSULTAT DE DÉCENNIES D'INNOVATIONS EN MATIÈRE DE CONCEPTION, DE MATÉRIAUX ET D'AÉRODYNAMISME. CE RECORD N'EST PAS SEULEMENT UN TÉMOIGNAGE DE LA VITESSE, MAIS AUSSI DE L'ÉVOLUTION DE LA TECHNOLOGIE AUTOMOBILE, REFLÉTANT LA QUÊTE INCESSANTE DE L'HOMME POUR DÉPASSER LES LIMITES DE LA PERFORMANCE ET DE L'INGÉNIERIE.

6

PIONNIÈRE VOITURE ÉLECTRIQUE

CONTRAIREMENT À UNE IDÉE REÇUE, LES VOITURES ÉLECTRIQUES NE SONT PAS UNE INVENTION MODERNE. LEUR HISTOIRE REMONTE AU 19E SIÈCLE, AVEC LA CRÉATION DE LA PREMIÈRE VOITURE ÉLECTRIQUE PAR ROBERT ANDERSON EN 1832. CETTE VOITURE PRIMITIVE, BIEN QUE RUDIMENTAIRE PAR RAPPORT AUX STANDARDS MODERNES, A MARQUÉ LE DÉBUT D'UNE ÈRE D'EXPÉRIMENTATION ET D'INNOVATION DANS LE DOMAINE DE LA PROPULSION ÉLECTRIQUE. LES PREMIÈRES VOITURES ÉLECTRIQUES, SOUVENT ALIMENTÉES PAR DES BATTERIES NON RECHARGEABLES, OFFRAIENT UNE ALTERNATIVE SILENCIEUSE ET SANS FUMÉE AUX VÉHICULES À VAPEUR ET À ESSENCE DE L'ÉPOQUE. BIEN QUE LEUR POPULARITÉ AIT FLUCTUÉ AU FIL DES DÉCENNIES, L'INTÉRÊT POUR LES VÉHICULES ÉLECTRIQUES A CONNU UNE RÉSURGENCE AU 21E SIÈCLE, STIMULÉ PAR DES PRÉOCCUPATIONS ENVIRONNEMENTALES ET DES AVANCÉES TECHNOLOGIQUES.

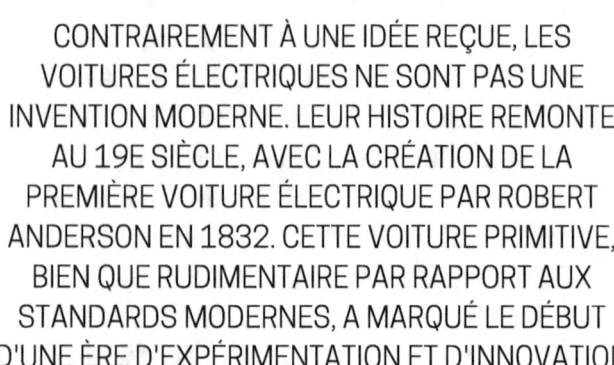

COURSE PARIS-ROUEN

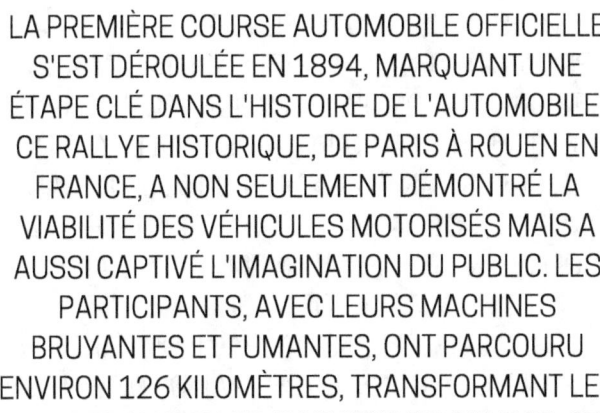

LA PREMIÈRE COURSE AUTOMOBILE OFFICIELLE S'EST DÉROULÉE EN 1894, MARQUANT UNE ÉTAPE CLÉ DANS L'HISTOIRE DE L'AUTOMOBILE. CE RALLYE HISTORIQUE, DE PARIS À ROUEN EN FRANCE, A NON SEULEMENT DÉMONTRÉ LA VIABILITÉ DES VÉHICULES MOTORISÉS MAIS A AUSSI CAPTIVÉ L'IMAGINATION DU PUBLIC. LES PARTICIPANTS, AVEC LEURS MACHINES BRUYANTES ET FUMANTES, ONT PARCOURU ENVIRON 126 KILOMÈTRES, TRANSFORMANT LES RUES TRANQUILLES EN PISTES DE COURSE. CE FUT UN SPECTACLE FASCINANT QUI A ATTIRÉ UNE FOULE IMMENSE. CETTE COURSE A NON SEULEMENT CÉLÉBRÉ L'INGÉNIOSITÉ ET L'INNOVATION, MAIS A ÉGALEMENT STIMULÉ LE DÉVELOPPEMENT DE LA TECHNOLOGIE AUTOMOBILE, PLAÇANT LA COURSE AUTOMOBILE AU CŒUR DE LA CULTURE POPULAIRE ET DE L'INDUSTRIE NAISSANTE.

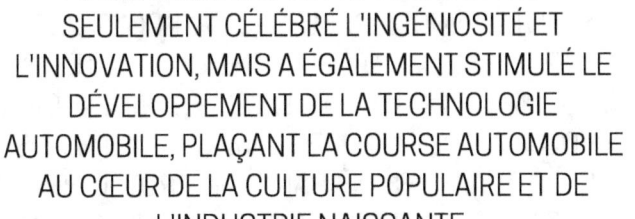

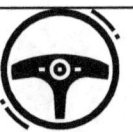

8

ÉVOLUTION DES AIRBAGS

INVENTÉS DANS LES ANNÉES 1950, LES AIRBAGS REPRÉSENTENT UNE AVANCÉE MAJEURE DANS LA SÉCURITÉ AUTOMOBILE. ILS SONT DEVENUS UN ÉQUIPEMENT STANDARD DANS LA PLUPART DES VÉHICULES DANS LES ANNÉES 1990, OFFRANT UNE PROTECTION SUPPLÉMENTAIRE EN CAS DE COLLISION. LE FONCTIONNEMENT DE L'AIRBAG EST UN MIRACLE DE LA SCIENCE ET DE L'INGÉNIERIE : EN CAS D'IMPACT, UN CAPTEUR DÉCLENCHE LE GONFLEMENT RAPIDE DE L'AIRBAG POUR FORMER UNE BARRIÈRE PROTECTRICE ENTRE LES PASSAGERS ET LES STRUCTURES DURES DE LA VOITURE. CETTE INNOVATION A SAUVÉ D'INNOMBRABLES VIES ET CONTINUE D'ÊTRE UN ÉLÉMENT ESSENTIEL DES SYSTÈMES DE SÉCURITÉ DES VÉHICULES. LES AIRBAGS ONT ÉVOLUÉ AU FIL DU TEMPS, AVEC DES VERSIONS PLUS AVANCÉES OFFRANT UNE PROTECTION LATÉRALE ET MÊME DES AIRBAGS POUR PIÉTONS DANS CERTAINS MODÈLES.

9

VOITURES AUTONOMES

LES VOITURES AUTONOMES, AUTREFOIS RELÉGUÉES AU DOMAINE DE LA SCIENCE-FICTION, SONT DÉSORMAIS À LA POINTE DE L'INNOVATION AUTOMOBILE. DES ENTREPRISES TELLES QUE TESLA, GOOGLE (VIA WAYMO), ET UBER SONT À L'AVANT-GARDE DU DÉVELOPPEMENT DE CES VÉHICULES RÉVOLUTIONNAIRES. CES VOITURES, ÉQUIPÉES DE CAPTEURS AVANCÉS, D'ALGORITHMES D'INTELLIGENCE ARTIFICIELLE ET DE SYSTÈMES INFORMATIQUES COMPLEXES, PEUVENT NAVIGUER DANS LE TRAFIC SANS INTERVENTION HUMAINE. LEUR PROMESSE VA AU-DELÀ DE LA COMMODITÉ : ELLES POURRAIENT RÉDUIRE CONSIDÉRABLEMENT LES ACCIDENTS DE LA ROUTE, AMÉLIORER LA FLUIDITÉ DU TRAFIC ET TRANSFORMER RADICALEMENT NOTRE FAÇON DE VOYAGER. ALORS QUE LES DÉFIS TECHNOLOGIQUES, RÉGLEMENTAIRES ET ÉTHIQUES RESTENT IMPORTANTS, L'ÈRE DES VÉHICULES ENTIÈREMENT AUTONOMES SE RAPPROCHE, PROMETTANT DE REDÉFINIR LE CONCEPT DE CONDUITE.

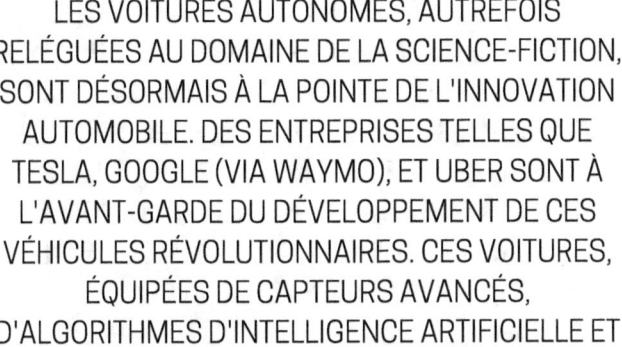

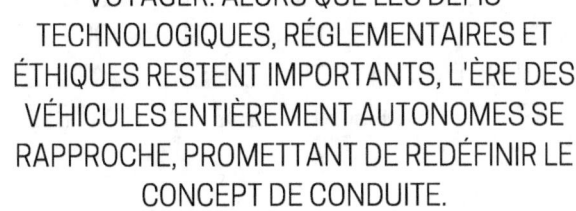

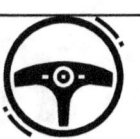

10

VENTE RECORD FERRARI

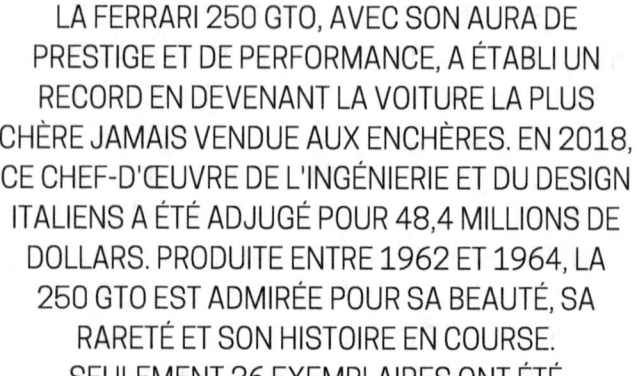

LA FERRARI 250 GTO, AVEC SON AURA DE PRESTIGE ET DE PERFORMANCE, A ÉTABLI UN RECORD EN DEVENANT LA VOITURE LA PLUS CHÈRE JAMAIS VENDUE AUX ENCHÈRES. EN 2018, CE CHEF-D'ŒUVRE DE L'INGÉNIERIE ET DU DESIGN ITALIENS A ÉTÉ ADJUGÉ POUR 48,4 MILLIONS DE DOLLARS. PRODUITE ENTRE 1962 ET 1964, LA 250 GTO EST ADMIRÉE POUR SA BEAUTÉ, SA RARETÉ ET SON HISTOIRE EN COURSE. SEULEMENT 36 EXEMPLAIRES ONT ÉTÉ FABRIQUÉS, CHACUN POSSÉDANT UNE HISTOIRE UNIQUE. CES VOITURES SONT PLUS QUE DE SIMPLES MOYENS DE TRANSPORT; ELLES SONT CONSIDÉRÉES COMME DES ŒUVRES D'ART, DES SYMBOLES DE L'APOGÉE DE L'AUTOMOBILE CLASSIQUE. CE PRIX RECORD REFLÈTE NON SEULEMENT LA VALEUR DE LA VOITURE ELLE-MÊME MAIS AUSSI L'ATTRAIT INTEMPOREL ET L'IMPORTANCE CULTURELLE DE LA MARQUE FERRARI DANS L'HISTOIRE DE L'AUTOMOBILE.

11

AUTOMOBILE ET CLIMAT

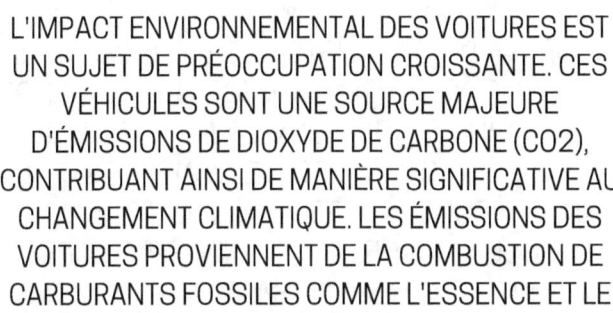

L'IMPACT ENVIRONNEMENTAL DES VOITURES EST UN SUJET DE PRÉOCCUPATION CROISSANTE. CES VÉHICULES SONT UNE SOURCE MAJEURE D'ÉMISSIONS DE DIOXYDE DE CARBONE (CO_2), CONTRIBUANT AINSI DE MANIÈRE SIGNIFICATIVE AU CHANGEMENT CLIMATIQUE. LES ÉMISSIONS DES VOITURES PROVIENNENT DE LA COMBUSTION DE CARBURANTS FOSSILES COMME L'ESSENCE ET LE DIESEL, LIBÉRANT DES GAZ À EFFET DE SERRE DANS L'ATMOSPHÈRE. OUTRE LE CO_2, LES VOITURES ÉMETTENT ÉGALEMENT D'AUTRES POLLUANTS NOCIFS, AFFECTANT LA QUALITÉ DE L'AIR ET LA SANTÉ PUBLIQUE. CETTE PRISE DE CONSCIENCE ENVIRONNEMENTALE A STIMULÉ DES EFFORTS POUR DÉVELOPPER DES ALTERNATIVES PLUS PROPRES, COMME LES VOITURES ÉLECTRIQUES ET HYBRIDES, ET A ENCOURAGÉ DES CHANGEMENTS DANS LES POLITIQUES DE TRANSPORT ET LES COMPORTEMENTS DES CONSOMMATEURS. RÉDUIRE L'EMPREINTE CARBONE DES TRANSPORTS EST ESSENTIEL POUR LUTTER CONTRE LE RÉCHAUFFEMENT CLIMATIQUE ET PROTÉGER L'ENVIRONNEMENT POUR LES GÉNÉRATIONS FUTURES.

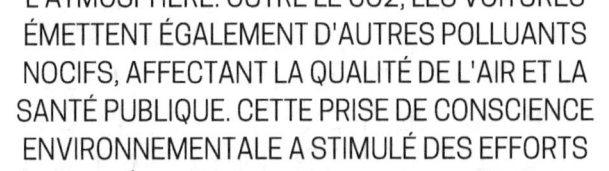

12

PREMIÈRE ESSENCE DAIMLER

EN 1885, GOTTLIEB DAIMLER A MARQUÉ UN TOURNANT DANS L'HISTOIRE DE L'AUTOMOBILE EN INVENTANT LA PREMIÈRE VOITURE À ESSENCE. CETTE INNOVATION A OUVERT LA VOIE À L'ÈRE MODERNE DES TRANSPORTS. CONTRAIREMENT AUX VÉHICULES À VAPEUR OU ÉLECTRIQUES DE L'ÉPOQUE, LA VOITURE DE DAIMLER, ÉQUIPÉE D'UN MOTEUR LÉGER ET À HAUTE PERFORMANCE, OFFRAIT UNE PLUS GRANDE AUTONOMIE ET FLEXIBILITÉ. CETTE VOITURE, SOUVENT CONSIDÉRÉE COMME L'ANCÊTRE DES AUTOMOBILES MODERNES, A DÉMONTRÉ LE POTENTIEL DES MOTEURS À COMBUSTION INTERNE. LE TRAVAIL DE DAIMLER A JETÉ LES BASES DE L'INDUSTRIE AUTOMOBILE CONTEMPORAINE, TRANSFORMANT LE MOTEUR À ESSENCE EN STANDARD DE L'INDUSTRIE. SON INVENTION N'A PAS SEULEMENT RÉVOLUTIONNÉ LA CONCEPTION DES VÉHICULES, MAIS A ÉGALEMENT EU UN IMPACT PROFOND SUR LA SOCIÉTÉ, MODIFIANT RADICALEMENT LA FAÇON DONT LES GENS SE DÉPLACENT ET INTERAGISSENT.

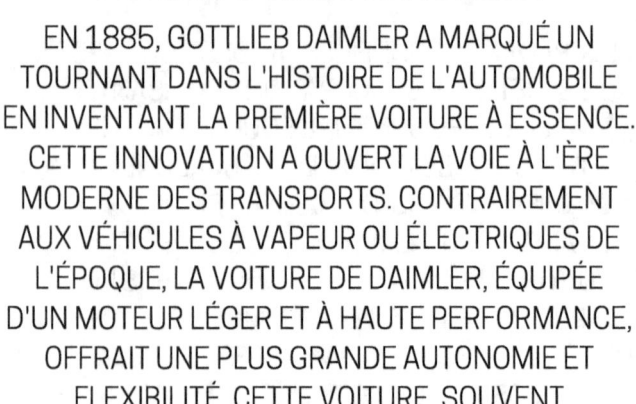
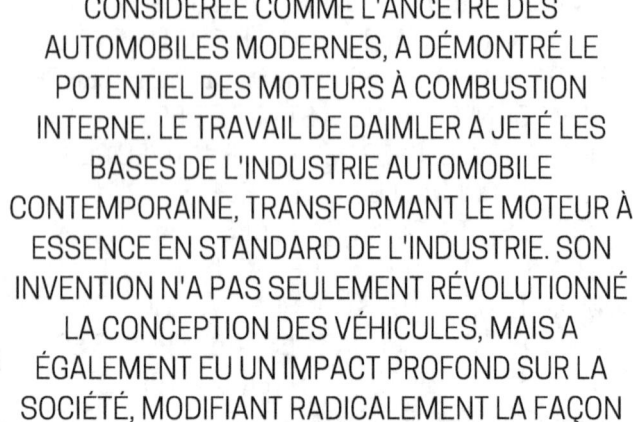

13

SUCCÈS TOYOTA COROLLA

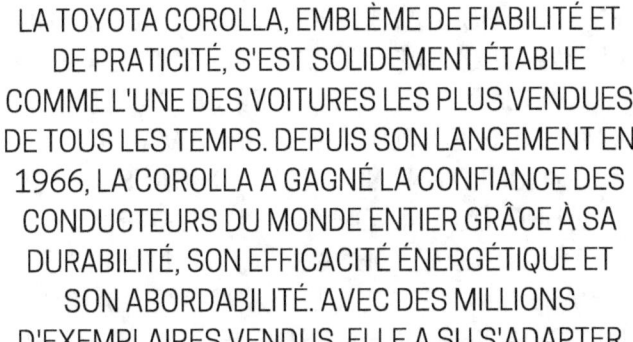

LA TOYOTA COROLLA, EMBLÈME DE FIABILITÉ ET DE PRATICITÉ, S'EST SOLIDEMENT ÉTABLIE COMME L'UNE DES VOITURES LES PLUS VENDUES DE TOUS LES TEMPS. DEPUIS SON LANCEMENT EN 1966, LA COROLLA A GAGNÉ LA CONFIANCE DES CONDUCTEURS DU MONDE ENTIER GRÂCE À SA DURABILITÉ, SON EFFICACITÉ ÉNERGÉTIQUE ET SON ABORDABILITÉ. AVEC DES MILLIONS D'EXEMPLAIRES VENDUS, ELLE A SU S'ADAPTER AUX ÉVOLUTIONS DU MARCHÉ ET AUX GOÛTS DES CONSOMMATEURS, TOUT EN MAINTENANT UNE QUALITÉ ET UNE VALEUR CONSTANTES. SON DESIGN PEUT VARIER D'UNE RÉGION À L'AUTRE, REFLÉTANT LA DIVERSITÉ DES BESOINS ET DES PRÉFÉRENCES DES CONDUCTEURS. LA POPULARITÉ DE LA COROLLA TÉMOIGNE DE L'IMPORTANCE DE L'ÉQUILIBRE ENTRE QUALITÉ, COÛT ET FONCTIONNALITÉ DANS L'INDUSTRIE AUTOMOBILE.

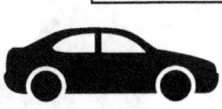   

14

NAVIGATION HONDA

EN 1981, HONDA A INTRODUIT UNE INNOVATION RÉVOLUTIONNAIRE : LE PREMIER SYSTÈME DE NAVIGATION POUR VOITURE. CE SYSTÈME, NOMMÉ ELECTRO GYROCATOR, A MARQUÉ LE DÉBUT D'UNE NOUVELLE ÈRE DANS LA TECHNOLOGIE AUTOMOBILE. CONTRAIREMENT AUX SYSTÈMES DE NAVIGATION MODERNES BASÉS SUR LE GPS, L'ELECTRO GYROCATOR UTILISAIT UNE COMBINAISON DE CARTES PAPIER ET D'UNE TECHNOLOGIE DE NAVIGATION INERTIELLE POUR AIDER LES CONDUCTEURS À SE REPÉRER. BIEN QUE RUDIMENTAIRE PAR RAPPORT AUX STANDARDS ACTUELS, CE SYSTÈME A POSÉ LES BASES DES SYSTÈMES DE NAVIGATION SOPHISTIQUÉS D'AUJOURD'HUI. IL A OUVERT LA VOIE À DES AMÉLIORATIONS CONTINUES, MENANT FINALEMENT AUX SYSTÈMES GPS INTÉGRÉS ET AUX APPLICATIONS DE NAVIGATION MOBILE QUE NOUS CONNAISSONS MAINTENANT.

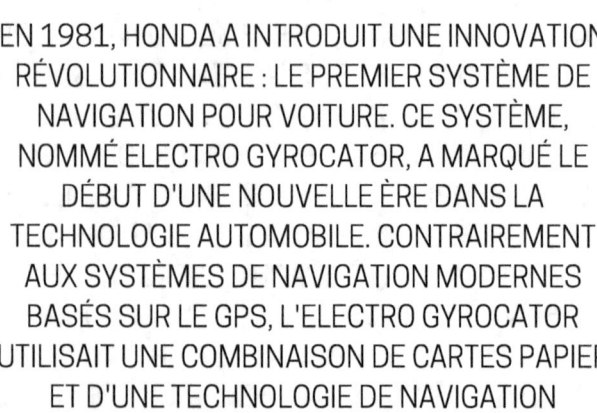

15

DELOREAN CULTURE POP

LA DELOREAN DMC-12 EST BIEN PLUS QU'UNE VOITURE; C'EST UNE ICÔNE DE LA CULTURE POPULAIRE, IMMORTALISÉE PAR SON RÔLE DANS LA TRILOGIE CINÉMATOGRAPHIQUE "RETOUR VERS LE FUTUR". AVEC SON DESIGN FUTURISTE, NOTAMMENT SES PORTES PAPILLON ET SA CARROSSERIE EN ACIER INOXYDABLE, LA DELOREAN A CAPTIVÉ L'IMAGINATION DU PUBLIC BIEN AU-DELÀ DES AMATEURS D'AUTOMOBILE. BIEN QUE LA PRODUCTION DE LA VOITURE AIT ÉTÉ BRÈVE ET ENTACHÉE DE CONTROVERSES, SON ASSOCIATION AVEC LA CÉLÈBRE FRANCHISE DE FILMS A ASSURÉ SON STATUT DE LÉGENDE. LA DELOREAN DMC-12 EST DEVENUE UN SYMBOLE DE LA NOSTALGIE DES ANNÉES 1980 ET RESTE UN OBJET DE FASCINATION POUR LES COLLECTIONNEURS ET LES FANS DE CINÉMA DU MONDE ENTIER.

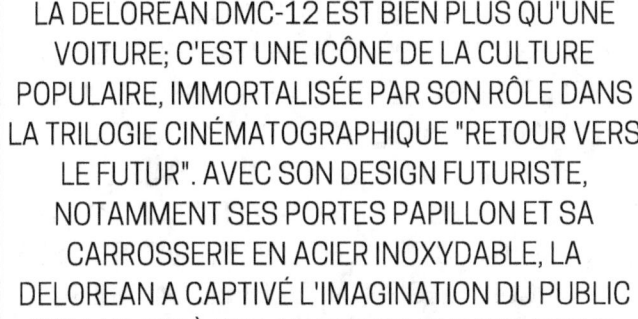

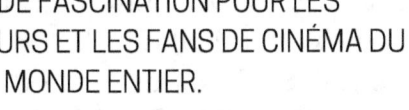

16

FORMULE 1 PRESTIGE

LA FORMULE 1, COURONNÉE COMME L'UNE DES COMPÉTITIONS DE COURSE AUTOMOBILE LES PLUS PRESTIGIEUSES AU MONDE, EST UN SYMBOLE DE VITESSE, D'INNOVATION ET DE GLAMOUR. DEPUIS SA PREMIÈRE SAISON EN 1950, LA FORMULE 1 A CAPTIVÉ DES MILLIONS DE FANS AVEC SES COURSES À HAUTE VITESSE, SES CIRCUITS LÉGENDAIRES ET SES PILOTES HÉROÏQUES. LES VOITURES DE FORMULE 1, CONÇUES POUR LA PERFORMANCE EXTRÊME, SONT DES MERVEILLES D'INGÉNIERIE, INTÉGRANT LES TECHNOLOGIES LES PLUS AVANCÉES EN MATIÈRE D'AÉRODYNAMIQUE, DE MATÉRIAUX ET DE PROPULSION. LA FORMULE 1 NE SE LIMITE PAS À LA COURSE; ELLE EST AUSSI UN LABORATOIRE POUR LES INNOVATIONS TECHNOLOGIQUES QUI TROUVENT SOUVENT LEUR CHEMIN DANS LES VOITURES DE PRODUCTION GRAND PUBLIC. SON IMPACT SUR LA CULTURE AUTOMOBILE ET SPORTIVE EST INCOMMENSURABLE, SYMBOLISANT L'APOGÉE DE LA COMPÉTITION AUTOMOBILE.

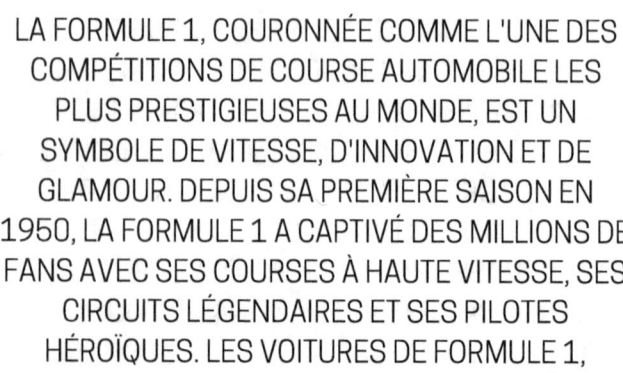

MONTÉE DES SUV

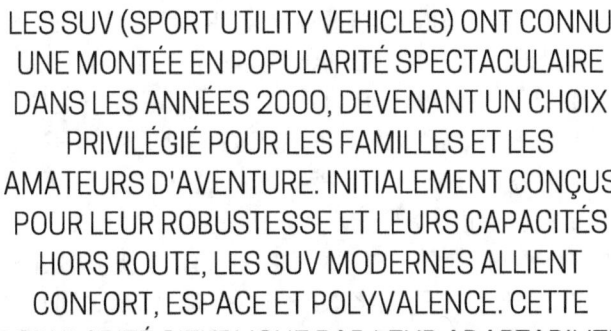

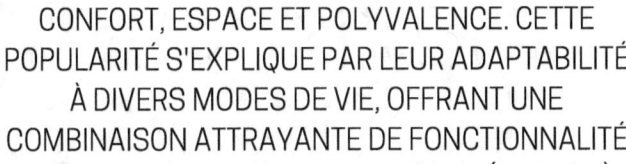

LES SUV (SPORT UTILITY VEHICLES) ONT CONNU UNE MONTÉE EN POPULARITÉ SPECTACULAIRE DANS LES ANNÉES 2000, DEVENANT UN CHOIX PRIVILÉGIÉ POUR LES FAMILLES ET LES AMATEURS D'AVENTURE. INITIALEMENT CONÇUS POUR LEUR ROBUSTESSE ET LEURS CAPACITÉS HORS ROUTE, LES SUV MODERNES ALLIENT CONFORT, ESPACE ET POLYVALENCE. CETTE POPULARITÉ S'EXPLIQUE PAR LEUR ADAPTABILITÉ À DIVERS MODES DE VIE, OFFRANT UNE COMBINAISON ATTRAYANTE DE FONCTIONNALITÉ ET DE STYLE. LES FABRICANTS ONT RÉPONDU À CETTE DEMANDE CROISSANTE EN ÉLARGISSANT LEURS GAMMES DE SUV, PROPOSANT DES MODÈLES QUI VARIENT EN TAILLE, EN LUXE ET EN CAPACITÉ TOUT-TERRAIN. LEUR ASCENSION REFLÈTE UN CHANGEMENT DANS LES PRÉFÉRENCES DES CONSOMMATEURS, OÙ L'ESPACE, LA POSITION DE CONDUITE SURÉLEVÉE ET LA PERCEPTION DE SÉCURITÉ SONT HAUTEMENT VALORISÉS.

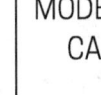

18

LIMOUSINE RECORD LONGUEUR

LA LIMOUSINE "AMERICAN DREAM", D'UNE LONGUEUR STUPÉFIANTE DE 30,5 MÈTRES, DÉTIENT LE RECORD DE LA VOITURE LA PLUS LONGUE DU MONDE. CRÉÉE PAR LE DESIGNER DE VOITURES JAY OHRBERG, CETTE LIMOUSINE EST UN EXEMPLE EXTRÊME DE PERSONNALISATION AUTOMOBILE. ELLE EST ÉQUIPÉE DE TOUTES LES COMMODITÉS IMAGINABLES, Y COMPRIS UNE PISCINE, UN JACUZZI, UN HÉLIPORT, ET MÊME UN MINI-GOLF. AU-DELÀ DE SON UTILITÉ PRATIQUE, QUI EST LIMITÉE, L'AMERICAN DREAM REPRÉSENTE L'EXUBÉRANCE ET L'EXTRAVAGANCE DANS LE MONDE DE LA PERSONNALISATION DE VOITURES. CE VÉHICULE EST UN VÉRITABLE SPECTACLE SUR ROUES, ILLUSTRANT JUSQU'OÙ L'IMAGINATION ET L'INGÉNIERIE PEUVENT ALLER DANS LA CRÉATION DE VÉHICULES UNIQUES.

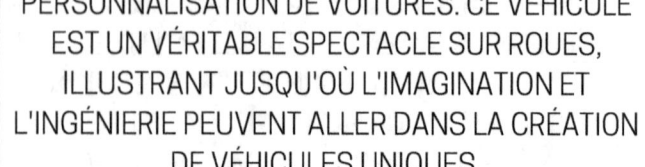

19

INGÉNIERIE DES PNEUS

LES PNEUS MODERNES SONT LE RÉSULTAT D'UNE INGÉNIERIE COMPLEXE ET RAFFINÉE, ESSENTIELS À LA PERFORMANCE ET À LA SÉCURITÉ DES VÉHICULES. ILS SONT CONÇUS À PARTIR D'UNE COMBINAISON DE CAOUTCHOUC NATUREL ET SYNTHÉTIQUE, DE TISSU, ET D'AUTRES COMPOSANTS COMME LE FIL D'ACIER, OFFRANT AINSI RÉSISTANCE ET FLEXIBILITÉ. LEUR CONCEPTION IMPLIQUE UNE SCIENCE PRÉCISE, TENANT COMPTE DE FACTEURS TELS QUE LA TRACTION, LA RÉSISTANCE AU ROULEMENT, LA DURABILITÉ ET LA CAPACITÉ À RÉSISTER À DIVERSES CONDITIONS CLIMATIQUES. LES RAINURES ET LES MOTIFS SUR LA BANDE DE ROULEMENT SONT SOIGNEUSEMENT CONÇUS POUR OPTIMISER L'ADHÉRENCE ET L'ÉVACUATION DE L'EAU, RÉDUISANT LE RISQUE D'AQUAPLANING. LES PNEUS JOUENT UN RÔLE CRUCIAL DANS LA SÉCURITÉ, LE CONFORT ET L'EFFICACITÉ ÉNERGÉTIQUE DES VOITURES, TÉMOIGNANT DE L'ÉVOLUTION CONSTANTE DE LA TECHNOLOGIE AUTOMOBILE.

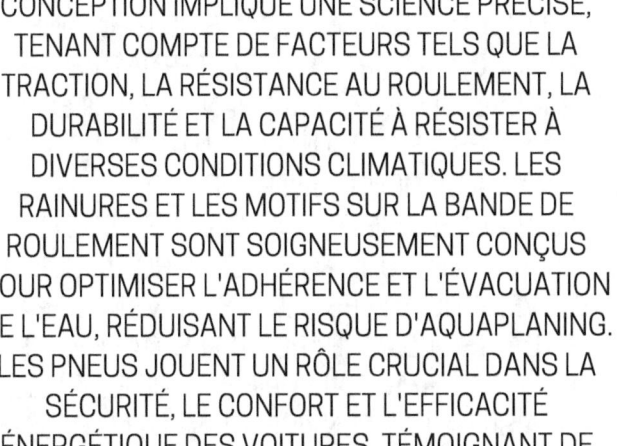

20

CARBURANTS ALTERNATIFS

DANS LA QUÊTE POUR RÉDUIRE L'IMPACT ENVIRONNEMENTAL DES VOITURES, LES CARBURANTS ALTERNATIFS SONT DEVENUS UN SUJET DE RECHERCHE ET DE DÉVELOPPEMENT MAJEUR. OUTRE L'ESSENCE ET LE DIESEL TRADITIONNELS, PLUSIEURS OPTIONS SONT EXPLORÉES, NOTAMMENT LES BIOCARBURANTS, L'HYDROGÈNE ET L'ÉLECTRICITÉ. LES BIOCARBURANTS, DÉRIVÉS DE SOURCES BIOLOGIQUES COMME LE MAÏS OU LA CANNE À SUCRE, OFFRENT UNE ALTERNATIVE RENOUVELABLE AUX CARBURANTS FOSSILES. LES VOITURES À HYDROGÈNE, QUI UTILISENT DES PILES À COMBUSTIBLE POUR PRODUIRE DE L'ÉLECTRICITÉ, ÉMETTENT UNIQUEMENT DE L'EAU, OFFRANT AINSI UNE SOLUTION ZÉRO ÉMISSION. LES VÉHICULES ÉLECTRIQUES, ALIMENTÉS PAR DES BATTERIES RECHARGEABLES, GAGNENT EN POPULARITÉ GRÂCE À LEUR EFFICACITÉ ET À LEUR FAIBLE IMPACT ENVIRONNEMENTAL. CES INNOVATIONS REPRÉSENTENT DES PAS IMPORTANTS VERS UNE MOBILITÉ PLUS DURABLE ET RESPECTUEUSE DE L'ENVIRONNEMENT.

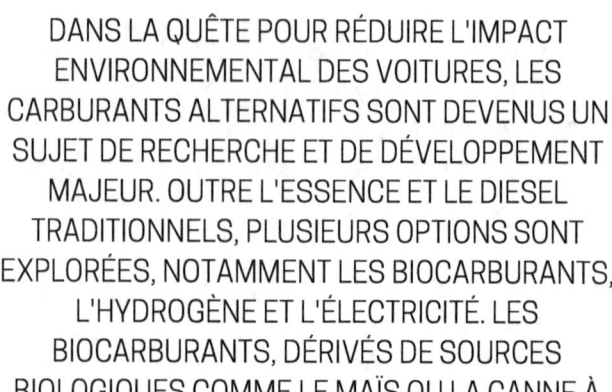

21

COULEURS POPULAIRES

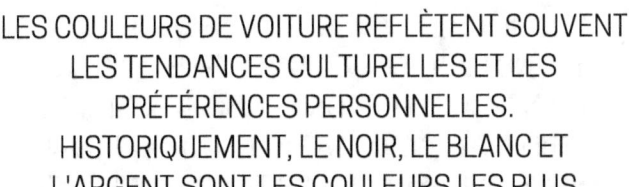

LES COULEURS DE VOITURE REFLÈTENT SOUVENT LES TENDANCES CULTURELLES ET LES PRÉFÉRENCES PERSONNELLES. HISTORIQUEMENT, LE NOIR, LE BLANC ET L'ARGENT SONT LES COULEURS LES PLUS POPULAIRES AU NIVEAU MONDIAL. LE NOIR EST SOUVENT ASSOCIÉ À L'ÉLÉGANCE ET AU LUXE, TANDIS QUE LE BLANC EST APPRÉCIÉ POUR SA SIMPLICITÉ ET SA CAPACITÉ À RESTER RELATIVEMENT FRAIS SOUS LE SOLEIL. L'ARGENT ET LES GRIS MÉTALLISÉS SONT PRISÉS POUR LEUR ASPECT MODERNE ET LEUR CAPACITÉ À MASQUER LA SALETÉ. CES COULEURS DOMINENT LE MARCHÉ EN RAISON DE LEUR POLYVALENCE ET DE LEUR ACCEPTABILITÉ UNIVERSELLE, CE QUI PEUT ÉGALEMENT INFLUENCER LA VALEUR DE REVENTE DES VÉHICULES. LES PRÉFÉRENCES DE COULEUR PEUVENT VARIER SELON LES RÉGIONS ET LES TENDANCES, MAIS CES TROIS COULEURS RESTENT DES CHOIX CLASSIQUES POUR LES CONSOMMATEURS DU MONDE ENTIER.

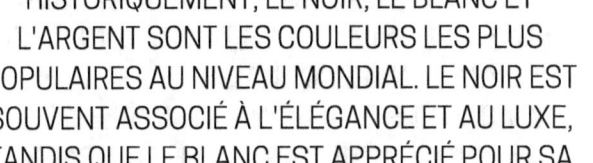

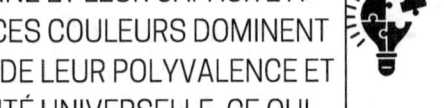

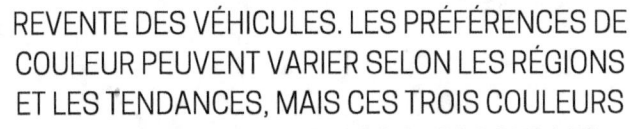

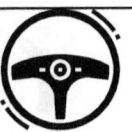

22

ICÔNE TAXI JAUNE

LE CÉLÈBRE TAXI JAUNE DE NEW YORK EST DEVENU BIEN PLUS QU'UN SIMPLE MOYEN DE TRANSPORT; IL EST UN SYMBOLE CULTUREL EMBLÉMATIQUE DE LA VILLE. INTRODUITS AU DÉBUT DU 20E SIÈCLE, CES TAXIS JAUNES SONT IMMÉDIATEMENT RECONNAISSABLES ET ONT ÉTÉ IMMORTALISÉS DANS D'INNOMBRABLES FILMS, ÉMISSIONS DE TÉLÉVISION ET PHOTOGRAPHIES. ILS REPRÉSENTENT NON SEULEMENT UN ASPECT PRATIQUE DE LA VIE URBAINE NEW-YORKAISE, MAIS AUSSI UNE PART INTÉGRANTE DE L'IDENTITÉ ET DU CHARME DE LA VILLE. LE TAXI JAUNE EST UN EXEMPLE DE LA MANIÈRE DONT UN ÉLÉMENT DU QUOTIDIEN PEUT DEVENIR UNE ICÔNE, REFLÉTANT L'HISTOIRE, LA CULTURE ET L'ÉNERGIE D'UNE MÉTROPOLE.

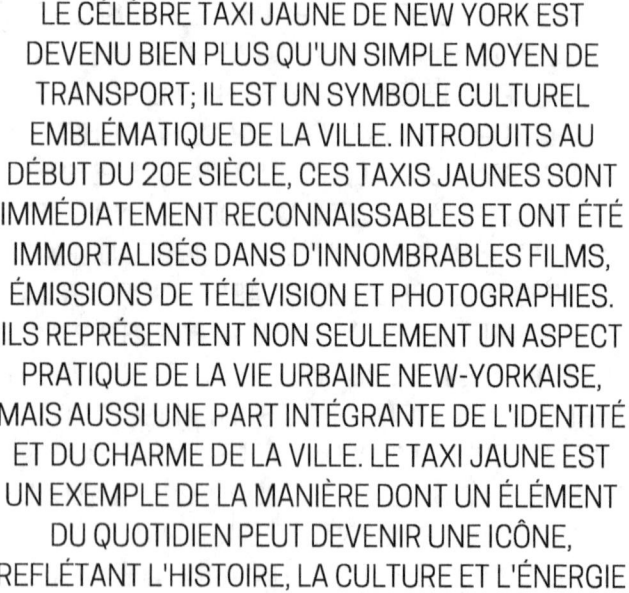

23

PLUS PETITE VOITURE

LA PEEL P50, FABRIQUÉE DANS LES ANNÉES 1960, DÉTIENT LE TITRE DE LA PLUS PETITE VOITURE DE SÉRIE AU MONDE. CONÇUE ET PRODUITE PAR LA PEEL ENGINEERING COMPANY SUR L'ÎLE DE MAN, CETTE VOITURE À TROIS ROUES MESURE SEULEMENT 1,37 MÈTRE DE LONG ET 99 CENTIMÈTRES DE LARGE. AVEC SA TAILLE MINUSCULE ET SON POIDS LÉGER, LA PEEL P50 A ÉTÉ COMMERCIALISÉE COMME UNE VOITURE CITADINE, IDÉALE POUR UNE PERSONNE ET UN SAC DE COURSES. SA CONCEPTION UNIQUE ET SA PETITE TAILLE ONT FAIT DE LA PEEL P50 UN OBJET DE CURIOSITÉ ET UN VÉHICULE CULTE, SOUVENT PRÉSENTÉ DANS LES MÉDIAS ET LES EXPOSITIONS DE VOITURES CLASSIQUES.

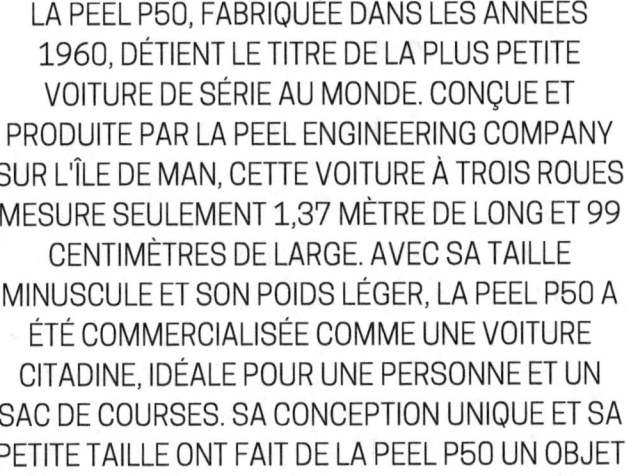

24

INNOVATION CEINTURE VOLVO

VOLVO, TOUJOURS À L'AVANT-GARDE DE LA SÉCURITÉ AUTOMOBILE, A FRANCHI UNE ÉTAPE MAJEURE EN 1959 EN INTRODUISANT LA PREMIÈRE CEINTURE DE SÉCURITÉ À TROIS POINTS. CONÇUE PAR L'INGÉNIEUR NILS BOHLIN, CETTE CEINTURE DE SÉCURITÉ ÉTAIT UNE INNOVATION RÉVOLUTIONNAIRE, AMÉLIORANT CONSIDÉRABLEMENT LA SÉCURITÉ DES PASSAGERS EN CAS D'ACCIDENT. LE DESIGN EN TROIS POINTS, FIXANT LE CORPS À LA FOIS SUR LES HANCHES ET SUR L'ÉPAULE, RÉPARTIT EFFICACEMENT LES FORCES D'UN IMPACT ET RÉDUIT LE RISQUE DE BLESSURES GRAVES. VOLVO A GÉNÉREUSEMENT RENDU SON BREVET DISPONIBLE GRATUITEMENT, RECONNAISSANT L'IMPORTANCE DE CETTE INVENTION POUR LA SÉCURITÉ ROUTIÈRE. CE GESTE A CONTRIBUÉ À FAIRE DE LA CEINTURE DE SÉCURITÉ À TROIS POINTS UN STANDARD DANS L'INDUSTRIE AUTOMOBILE MONDIALE, SAUVANT D'INNOMBRABLES VIES DEPUIS.

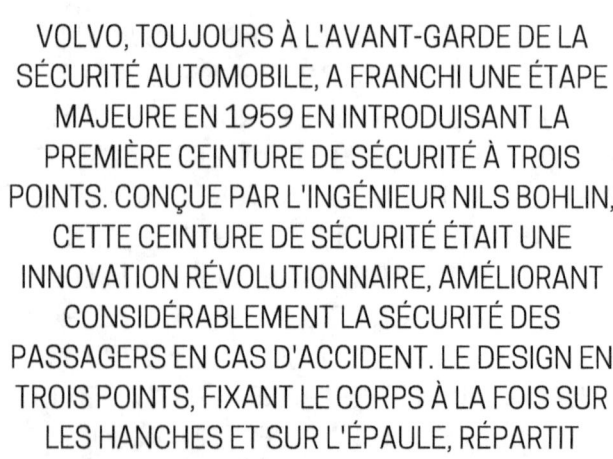

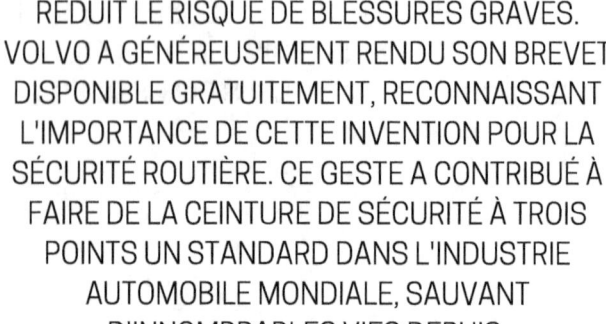

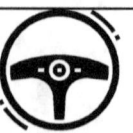

25

LUXE AUTOMOBILE

LES VOITURES DE LUXE, REPRÉSENTÉES PAR DES MARQUES EMBLÉMATIQUES TELLES QUE ROLLS-ROYCE, BENTLEY ET FERRARI, SONT LE SUMMUM DE L'ÉLÉGANCE, DU RAFFINEMENT ET DE LA PERFORMANCE. CES VÉHICULES NE SONT PAS SIMPLEMENT DES MOYENS DE TRANSPORT; ILS SONT DES SYMBOLES DE STATUT, DES CHEFS-D'ŒUVRE D'ARTISANAT ET DES INCARNATIONS DE L'EXCELLENCE EN INGÉNIERIE. ROLLS-ROYCE ET BENTLEY SONT RÉPUTÉES POUR LEUR OPULENCE, LEUR CONFORT INÉGALÉ ET LEUR ATTENTION MÉTICULEUSE AUX DÉTAILS, TANDIS QUE FERRARI EST SYNONYME DE VITESSE, DE PUISSANCE ET DE DESIGN SPORTIF. POSSÉDER UNE VOITURE DE CES MARQUES EST SOUVENT PERÇU COMME UN SIGNE DE RÉUSSITE ET DE PRESTIGE. AU-DELÀ DE LEUR ATTRAIT ESTHÉTIQUE, CES VOITURES SONT ÉQUIPÉES DE TECHNOLOGIES DE POINTE ET OFFRENT DES PERFORMANCES EXCEPTIONNELLES, DÉFINISSANT LES STANDARDS DE LUXE DANS L'INDUSTRIE AUTOMOBILE.

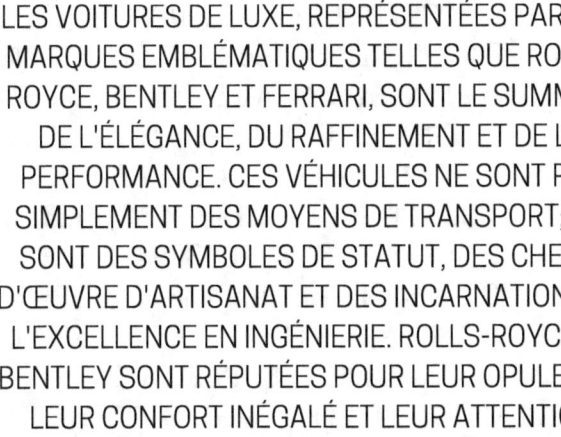

26

HISTOIRE FEUX CIRCULATION

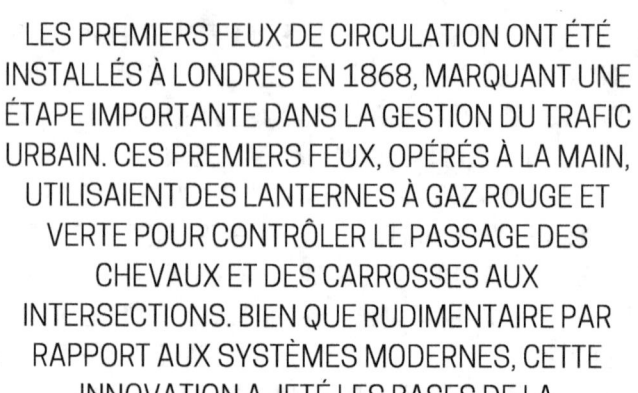

LES PREMIERS FEUX DE CIRCULATION ONT ÉTÉ INSTALLÉS À LONDRES EN 1868, MARQUANT UNE ÉTAPE IMPORTANTE DANS LA GESTION DU TRAFIC URBAIN. CES PREMIERS FEUX, OPÉRÉS À LA MAIN, UTILISAIENT DES LANTERNES À GAZ ROUGE ET VERTE POUR CONTRÔLER LE PASSAGE DES CHEVAUX ET DES CARROSSES AUX INTERSECTIONS. BIEN QUE RUDIMENTAIRE PAR RAPPORT AUX SYSTÈMES MODERNES, CETTE INNOVATION A JETÉ LES BASES DE LA RÉGULATION DU TRAFIC DANS LES VILLES EN CROISSANCE RAPIDE. LES FEUX DE CIRCULATION ONT ÉVOLUÉ AVEC L'INTRODUCTION DE SYSTÈMES ÉLECTRIQUES ET AUTOMATISÉS, DEVENANT UN ÉLÉMENT ESSENTIEL DE L'INFRASTRUCTURE ROUTIÈRE. ILS JOUENT UN RÔLE CRUCIAL DANS LA PRÉVENTION DES ACCIDENTS, LA FLUIDIFICATION DU TRAFIC ET L'AMÉLIORATION DE LA SÉCURITÉ DES PIÉTONS ET DES CONDUCTEURS.

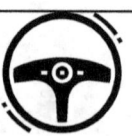

27

CONCEPT VOITURES VOLANTES

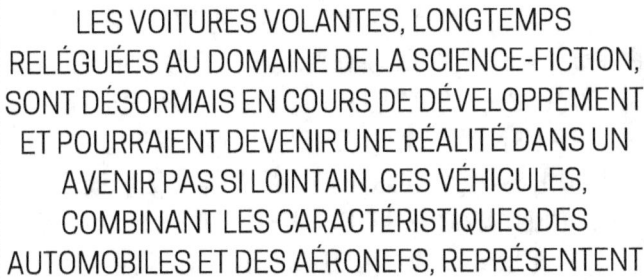

LES VOITURES VOLANTES, LONGTEMPS RELÉGUÉES AU DOMAINE DE LA SCIENCE-FICTION, SONT DÉSORMAIS EN COURS DE DÉVELOPPEMENT ET POURRAIENT DEVENIR UNE RÉALITÉ DANS UN AVENIR PAS SI LOINTAIN. CES VÉHICULES, COMBINANT LES CARACTÉRISTIQUES DES AUTOMOBILES ET DES AÉRONEFS, REPRÉSENTENT UN BOND EN AVANT DANS LE DOMAINE DES TRANSPORTS PERSONNELS. LES PROTOTYPES ACTUELS UTILISENT DIVERSES TECHNOLOGIES, ALLANT DES ROTORS BASCULANTS AUX SYSTÈMES DE PROPULSION À JET, OFFRANT LA PROMESSE DE RÉDUIRE LES EMBOUTEILLAGES ET DE FOURNIR UNE MOBILITÉ RAPIDE DANS LES ZONES URBAINES ET PÉRIURBAINES. BIEN QUE DE NOMBREUX DÉFIS TECHNIQUES, RÉGLEMENTAIRES ET DE SÉCURITÉ DOIVENT ENCORE ÊTRE SURMONTÉS, LES PROGRÈS RÉALISÉS DANS CE DOMAINE SUGGÈRENT QUE LES VOITURES VOLANTES POURRAIENT UN JOUR TRANSFORMER NOTRE FAÇON DE VOYAGER, OFFRANT UNE MOBILITÉ AÉRIENNE PERSONNELLE ET FLEXIBLE.

28

RÉVOLUTION COVOITURAGE

LE CONCEPT DE PARTAGE DE VOITURE, POPULARISÉ PAR DES SERVICES TELS QUE ZIPCAR ET CAR2GO, A RÉVOLUTIONNÉ LA MANIÈRE DONT LES GENS ENVISAGENT LA POSSESSION ET L'UTILISATION DES VOITURES. CES SERVICES OFFRENT L'ACCÈS À DES VÉHICULES SUR UNE BASE HORAIRE OU QUOTIDIENNE, OFFRANT UNE FLEXIBILITÉ ET UNE COMMODITÉ SIGNIFICATIVES, SURTOUT DANS LES ZONES URBAINES DENSES. CETTE APPROCHE CONTRIBUE À RÉDUIRE LE NOMBRE DE VOITURES EN CIRCULATION, DIMINUANT AINSI LA CONGESTION URBAINE ET L'IMPACT ENVIRONNEMENTAL. EN OUTRE, LE PARTAGE DE VOITURE ENCOURAGE UNE UTILISATION PLUS RESPONSABLE ET PLUS ÉCONOMIQUE DES RESSOURCES, CE QUI EN FAIT UNE OPTION ATTRAYANTE POUR CEUX QUI N'ONT BESOIN D'UNE VOITURE QUE DE MANIÈRE OCCASIONNELLE. LE SUCCÈS DE CES SERVICES TÉMOIGNE D'UN CHANGEMENT DANS LA PERCEPTION DE LA MOBILITÉ, PRIVILÉGIANT L'USAGE À LA POSSESSION.

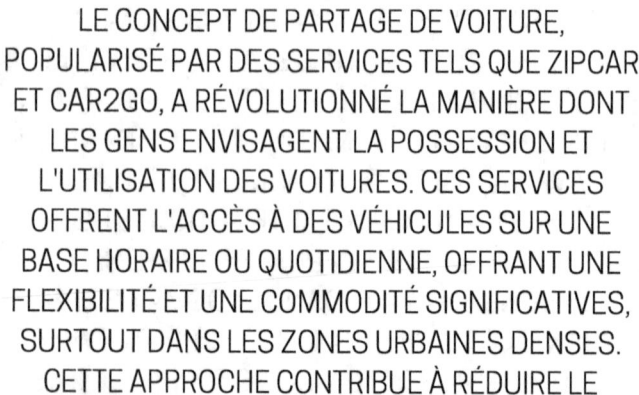

29

TOYOTA PRIUS HYBRIDE

LA TOYOTA PRIUS, LANCÉE EN 1997, A ÉTÉ UN JALON DANS L'HISTOIRE DE L'AUTOMOBILE EN TANT QUE PREMIÈRE VOITURE HYBRIDE COMMERCIALISÉE EN MASSE. CE VÉHICULE INNOVANT COMBINE UN MOTEUR À ESSENCE TRADITIONNEL AVEC UN MOTEUR ÉLECTRIQUE, OFFRANT UNE MEILLEURE EFFICACITÉ ÉNERGÉTIQUE ET DES ÉMISSIONS RÉDUITES PAR RAPPORT AUX VOITURES À ESSENCE PURES. LA PRIUS A MARQUÉ LE DÉBUT D'UNE NOUVELLE ÈRE DANS L'INDUSTRIE AUTOMOBILE, MENANT AU DÉVELOPPEMENT ET À LA POPULARISATION DES VÉHICULES HYBRIDES. SON SUCCÈS A NON SEULEMENT PROUVÉ LA VIABILITÉ COMMERCIALE DES TECHNOLOGIES HYBRIDES MAIS A ÉGALEMENT SENSIBILISÉ LE PUBLIC ET L'INDUSTRIE À L'IMPORTANCE DE LA DURABILITÉ DANS LA CONCEPTION DES VÉHICULES. AUJOURD'HUI, PRESQUE TOUS LES GRANDS CONSTRUCTEURS PROPOSENT DES OPTIONS HYBRIDES, CONFIRMANT L'HÉRITAGE DURABLE DE LA PRIUS.

  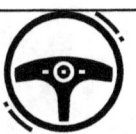 

30

RECORD DISTANCE VOLVO

LA VOLVO P1800 EST CÉLÈBRE NON SEULEMENT POUR SON DESIGN ÉLÉGANT MAIS AUSSI POUR AVOIR ÉTABLI UN RECORD MONDIAL IMPRESSIONNANT : LA PLUS GRANDE DISTANCE PARCOURUE PAR UNE VOITURE. AVEC PLUS DE 4,8 MILLIONS DE KILOMÈTRES AU COMPTEUR, CETTE VOITURE A DÉMONTRÉ L'EXTRAORDINAIRE DURABILITÉ ET FIABILITÉ POUR LESQUELLES VOLVO EST CONNUE. CE RECORD A ÉTÉ ÉTABLI PAR IRV GORDON, UN ENSEIGNANT AMÉRICAIN, QUI A ACHETÉ SA P1800 EN 1966 ET A PARCOURU CES KILOMÈTRES AU FIL DE NOMBREUSES DÉCENNIES. CE RECORD ILLUSTRE NON SEULEMENT LA LONGÉVITÉ REMARQUABLE DE CERTAINS VÉHICULES MAIS TÉMOIGNE AUSSI DE LA PASSION ET DE L'ENGAGEMENT DES AMATEURS D'AUTOMOBILES POUR LEURS VÉHICULES.

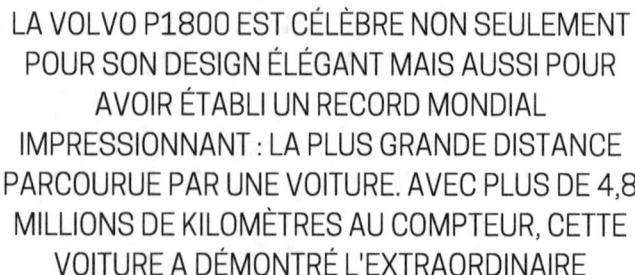
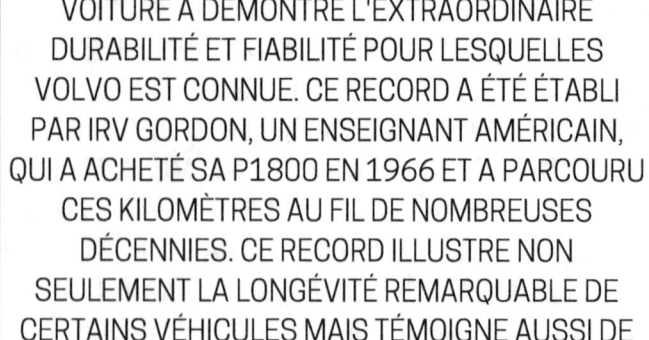

31

PERMIS DE KARL BENZ

KARL BENZ, PIONNIER DE L'AUTOMOBILE, A NON SEULEMENT CONÇU LA PREMIÈRE VOITURE MAIS A ÉGALEMENT ÉTÉ LE DESTINATAIRE DU PREMIER PERMIS DE CONDUIRE AU MONDE EN 1888. À CETTE ÉPOQUE, LA NOTION DE "PERMIS DE CONDUIRE" ÉTAIT NOUVELLE ET A ÉTÉ INSTAURÉE FACE À LA NÉCESSITÉ DE RÉGULER L'UTILISATION DES VÉHICULES MOTORISÉS SUR LES ROUTES PUBLIQUES. CE PREMIER PERMIS ÉTAIT UNE RECONNAISSANCE OFFICIELLE DE LA CAPACITÉ DE BENZ À OPÉRER SON INVENTION DE MANIÈRE SÛRE. L'INTRODUCTION DU PERMIS DE CONDUIRE A MARQUÉ UN MOMENT IMPORTANT DANS L'HISTOIRE DE L'AUTOMOBILE, SOULIGNANT LA TRANSITION DE L'ÈRE DES CHEVAUX ET DES CHARRETTES À CELLE DES VÉHICULES MOTORISÉS, ET JETANT LES BASES DE LA RÉGLEMENTATION DE LA CIRCULATION ROUTIÈRE TELLE QUE NOUS LA CONNAISSONS AUJOURD'HUI.

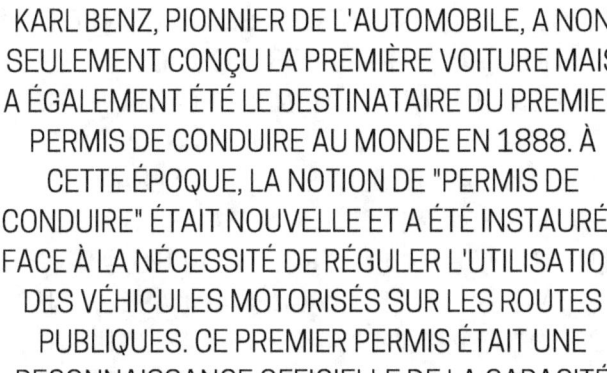

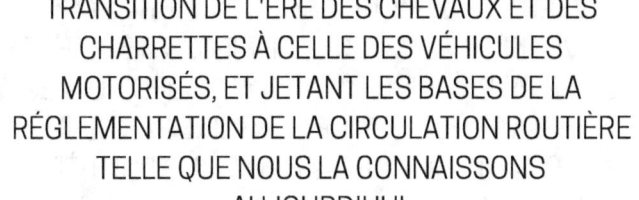

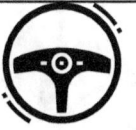

32

NAISSANCE STATIONS-SERVICE

LES PREMIÈRES STATIONS-SERVICE ONT FAIT
LEUR APPARITION AU DÉBUT DU 20E SIÈCLE,
RÉPONDANT À LA DEMANDE CROISSANTE DE
CARBURANT POUR LES VÉHICULES À MOTEUR.
AVANT CELA, L'ESSENCE ÉTAIT GÉNÉRALEMENT
ACHETÉE DANS DES PHARMACIES OU DES
QUINCAILLERIES. L'ÉMERGENCE DES STATIONS-
SERVICE A FACILITÉ L'ACCÈS AU CARBURANT,
CONTRIBUANT AINSI À LA POPULARISATION DE
L'AUTOMOBILE. CES STATIONS ÉTAIENT
INITIALEMENT DE SIMPLES POMPES SITUÉES SUR
LE BORD DE LA ROUTE OU DANS DES GARAGES,
MAIS ELLES SE SONT RAPIDEMENT
TRANSFORMÉES EN POINTS DE SERVICE OFFRANT
DIVERS SERVICES TELS QUE LA MAINTENANCE
DES VÉHICULES, LA VENTE DE PIÈCES DÉTACHÉES
ET DE RAFRAÎCHISSEMENTS. AUJOURD'HUI, LES
STATIONS-SERVICE SONT UNE PARTIE
INTÉGRANTE DE L'INFRASTRUCTURE ROUTIÈRE,
SOUTENANT LA MOBILITÉ DES CONDUCTEURS
DANS LE MONDE ENTIER.

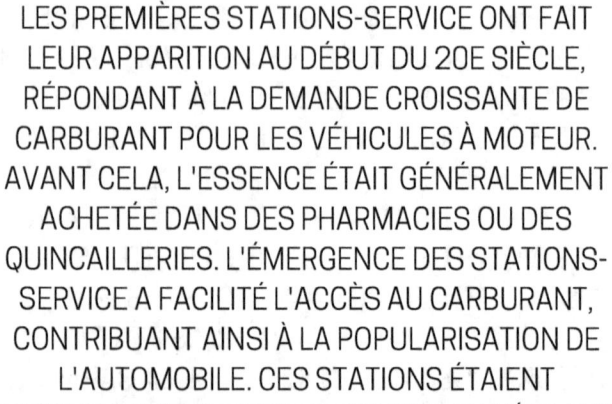

  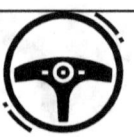 

33

DESIGN AUTOMOBILE

L'ÉVOLUTION DU DESIGN AUTOMOBILE REFLÈTE LA
FUSION DE LA FONCTIONNALITÉ, DE LA
TECHNOLOGIE ET DE L'ESTHÉTIQUE. AUX PREMIERS
JOURS DE L'AUTOMOBILE, LE DESIGN ÉTAIT
PRINCIPALEMENT FONCTIONNEL, VISANT À ABRITER
LE MOTEUR ET À FOURNIR UN ESPACE BASIQUE
POUR LES PASSAGERS. AU FIL DU TEMPS, AVEC LES
AVANCÉES TECHNOLOGIQUES ET L'ÉVOLUTION DES
GOÛTS DES CONSOMMATEURS, LE DESIGN DES
VOITURES EST DEVENU PLUS COMPLEXE ET
SOPHISTIQUÉ. LES CONSTRUCTEURS ONT
COMMENCÉ À EXPLORER DIVERS STYLES, FORMES
ET COULEURS, TRANSFORMANT LA VOITURE EN UN
SYMBOLE DE STATUT ET D'EXPRESSION
PERSONNELLE. LES INNOVATIONS EN MATIÈRE DE
MATÉRIAUX ET D'AÉRODYNAMISME ONT
ÉGALEMENT INFLUENCÉ LE DESIGN, FAVORISANT
L'EFFICACITÉ ÉNERGÉTIQUE ET LA PERFORMANCE.
AUJOURD'HUI, LE DESIGN AUTOMOBILE EST UN
MÉLANGE ARTISTIQUE DE CRÉATIVITÉ, D'INGÉNIERIE
ET DE TECHNOLOGIE, REFLÉTANT À LA FOIS LES
TENDANCES CULTURELLES ET LES AVANCÉES
TECHNOLOGIQUES.

34

SÉCURITÉ AUTOMOBILE

LA SÉCURITÉ EST DEVENUE UN ÉLÉMENT FONDAMENTAL DANS LA CONCEPTION DES AUTOMOBILES, ÉVOLUANT BIEN AU-DELÀ DES CONSIDÉRATIONS INITIALES DE FONCTIONNALITÉ ET DE PERFORMANCE. L'INTRODUCTION DE DISPOSITIFS TELS QUE LES SYSTÈMES DE FREINAGE ANTIBLOCAGE (ABS) ET LES CONTRÔLES DE STABILITÉ ÉLECTRONIQUE A MARQUÉ UN TOURNANT DANS LA CONCEPTION DES VÉHICULES. CES TECHNOLOGIES ONT CONSIDÉRABLEMENT AMÉLIORÉ LA CAPACITÉ DES CONDUCTEURS À MAINTENIR LE CONTRÔLE DANS DES SITUATIONS CRITIQUES ET À ÉVITER LES ACCIDENTS. EN PLUS DE CES SYSTÈMES, DES INNOVATIONS COMME LES AIRBAGS, LES CEINTURES DE SÉCURITÉ À PRÉTENSIONNEURS ET LES STRUCTURES DE CARROSSERIE RENFORCÉES ONT CONSIDÉRABLEMENT AUGMENTÉ LA SÉCURITÉ DES PASSAGERS. LA SÉCURITÉ AUTOMOBILE CONTINUE D'ÉVOLUER AVEC LE DÉVELOPPEMENT DE TECHNOLOGIES AVANCÉES D'AIDE À LA CONDUITE ET DE SYSTÈMES AUTONOMES, VISANT À RÉDUIRE ENCORE PLUS LES RISQUES D'ACCIDENTS ET À PROTÉGER LA VIE DES USAGERS DE LA ROUTE.

35

RECORDS VITESSE TERRESTRE

LA QUÊTE POUR ÉTABLIR ET BATTRE LES RECORDS DE VITESSE SUR TERRE A FASCINÉ LES INGÉNIEURS ET LES PILOTES PENDANT DES DÉCENNIES. CES RECORDS SONT SOUVENT ÉTABLIS PAR DES VÉHICULES SPÉCIALEMENT CONÇUS, DOTÉS DE MOTEURS EXTRÊMEMENT PUISSANTS ET DE DESIGNS AÉRODYNAMIQUES OPTIMISÉS POUR MINIMISER LA RÉSISTANCE DE L'AIR. CES VÉHICULES, ALLANT DE VOITURES MODIFIÉES À DES ENGINS RESSEMBLANT À DES FUSÉES SUR ROUES, SONT LE SUMMUM DE L'INGÉNIERIE AUTOMOBILE ET DE LA PERFORMANCE. LE RECORD DE VITESSE SUR TERRE EST PLUS QU'UNE SIMPLE MESURE DE VITESSE; C'EST UNE DÉMONSTRATION DE L'INGÉNIOSITÉ HUMAINE ET DE LA PASSION POUR REPOUSSER LES LIMITES DE LA TECHNOLOGIE ET DE LA PHYSIQUE.

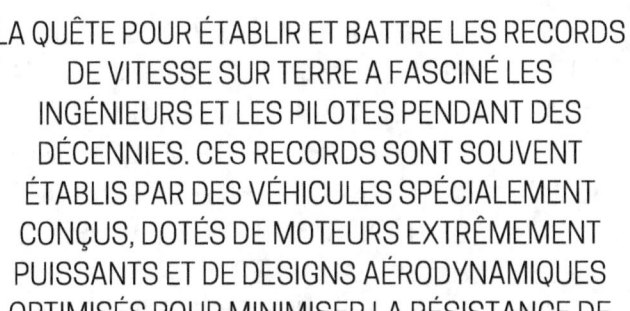
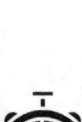

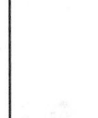

36

VOITURES CINÉMATOGRAPHIQUES

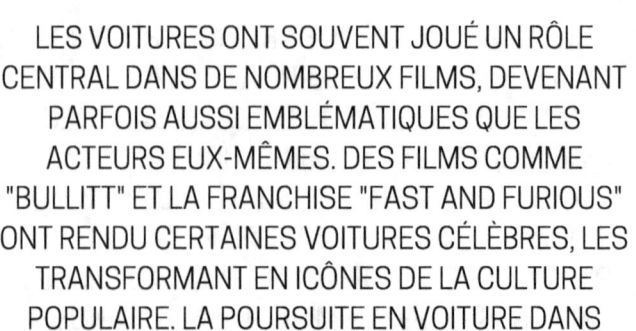

LES VOITURES ONT SOUVENT JOUÉ UN RÔLE CENTRAL DANS DE NOMBREUX FILMS, DEVENANT PARFOIS AUSSI EMBLÉMATIQUES QUE LES ACTEURS EUX-MÊMES. DES FILMS COMME "BULLITT" ET LA FRANCHISE "FAST AND FURIOUS" ONT RENDU CERTAINES VOITURES CÉLÈBRES, LES TRANSFORMANT EN ICÔNES DE LA CULTURE POPULAIRE. LA POURSUITE EN VOITURE DANS "BULLITT", AVEC LA FORD MUSTANG GT 390 DE STEVE MCQUEEN, EST LÉGENDAIRE POUR SA CHORÉGRAPHIE ET SON INTENSITÉ. D'AUTRE PART, LA FRANCHISE "FAST AND FURIOUS" A MIS EN AVANT UN LARGE ÉVENTAIL DE VOITURES, DES TUNERS JAPONAIS AUX SUPERCARS EXOTIQUES, INFLUENÇANT LA CULTURE AUTOMOBILE ET INSPIRANT UNE GÉNÉRATION DE PASSIONNÉS. CES VOITURES NE SONT PAS SEULEMENT DES ACCESSOIRES DANS CES FILMS; ELLES SONT DES PERSONNAGES À PART ENTIÈRE, CAPTURANT L'IMAGINATION DES SPECTATEURS ET SYMBOLISANT LA VITESSE, L'AVENTURE ET LE STYLE.

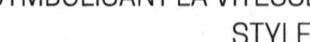

37

PLAQUES D'IMMATRICULATION

LES PREMIÈRES PLAQUES D'IMMATRICULATION ONT ÉTÉ INTRODUITES EN FRANCE EN 1893, MARQUANT UNE ÉTAPE IMPORTANTE DANS L'HISTOIRE DE L'AUTOMOBILE. ELLES AVAIENT POUR BUT D'IDENTIFIER LES VÉHICULES ET LEURS PROPRIÉTAIRES POUR DES RAISONS DE SÉCURITÉ ET DE RÉGLEMENTATION. INITIALEMENT, CES PLAQUES ÉTAIENT ASSEZ SIMPLES, MAIS AU FIL DU TEMPS, ELLES SONT DEVENUES PLUS COMPLEXES, INTÉGRANT DES ÉLÉMENTS DE SÉCURITÉ POUR ÉVITER LA FRAUDE. AUJOURD'HUI, LES PLAQUES D'IMMATRICULATION SERVENT DIVERSES FONCTIONS, ALLANT DE L'IDENTIFICATION DU VÉHICULE À LA COLLECTE DE TAXES ET AU RESPECT DES RÉGLEMENTATIONS ENVIRONNEMENTALES. ELLES SONT DEVENUES UNE PARTIE INTÉGRANTE DE L'INFRASTRUCTURE ROUTIÈRE, AIDANT LES AUTORITÉS À GÉRER LE TRAFIC ET À ASSURER LA SÉCURITÉ ROUTIÈRE.

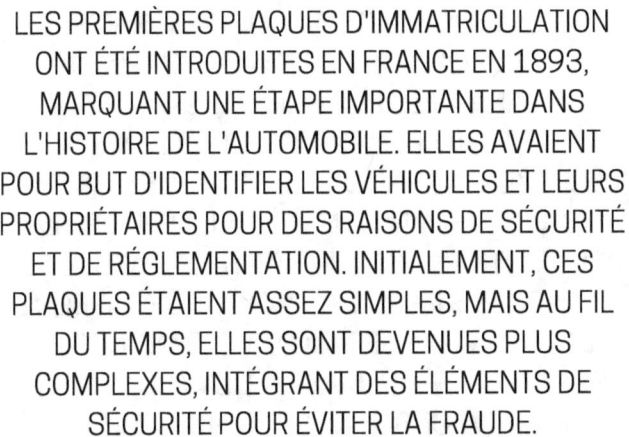

38

LUTTE ÉMISSIONS ÉCHAPPEMENT

AU FIL DES ANNÉES, LA PRISE DE CONSCIENCE DES IMPACTS ENVIRONNEMENTAUX ET SANITAIRES DES ÉMISSIONS DE GAZ D'ÉCHAPPEMENT A CONDUIT À DES RÉGLEMENTATIONS DE PLUS EN PLUS STRICTES. CES RÉGLEMENTATIONS VISENT À RÉDUIRE LES POLLUANTS TELS QUE LES OXYDES D'AZOTE, LES HYDROCARBURES, LE MONOXYDE DE CARBONE, ET LES PARTICULES FINES, QUI SONT NOCIFS POUR LA SANTÉ HUMAINE ET L'ENVIRONNEMENT. EN RÉPONSE, LES CONSTRUCTEURS AUTOMOBILES ONT DÉVELOPPÉ DES TECHNOLOGIES PLUS PROPRES, COMME LES CATALYSEURS, LES SYSTÈMES DE GESTION DU MOTEUR AMÉLIORÉS, ET LES VÉHICULES À FAIBLES ÉMISSIONS. CES EFFORTS ONT CONDUIT À UNE DIMINUTION SIGNIFICATIVE DES NIVEAUX DE POLLUTION DANS DE NOMBREUSES RÉGIONS, BIEN QUE LA GESTION DES ÉMISSIONS DE GAZ D'ÉCHAPPEMENT RESTE UN DÉFI MONDIAL MAJEUR.

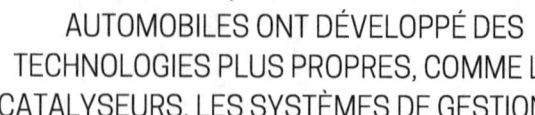

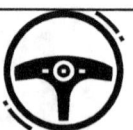

39

FLUCTUATIONS PRIX ESSENCE

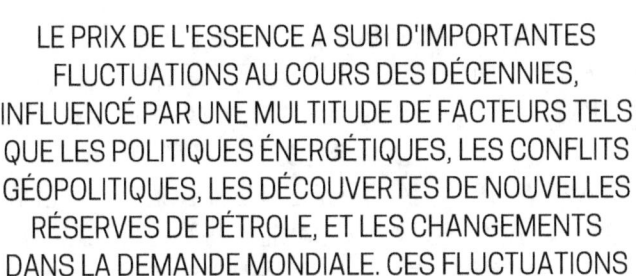

LE PRIX DE L'ESSENCE A SUBI D'IMPORTANTES FLUCTUATIONS AU COURS DES DÉCENNIES, INFLUENCÉ PAR UNE MULTITUDE DE FACTEURS TELS QUE LES POLITIQUES ÉNERGÉTIQUES, LES CONFLITS GÉOPOLITIQUES, LES DÉCOUVERTES DE NOUVELLES RÉSERVES DE PÉTROLE, ET LES CHANGEMENTS DANS LA DEMANDE MONDIALE. CES FLUCTUATIONS ONT UN IMPACT DIRECT SUR LES HABITUDES DE CONDUITE ET LES CHOIX DES CONSOMMATEURS. PAR EXEMPLE, UNE AUGMENTATION DES PRIX DE L'ESSENCE PEUT ENTRAÎNER UNE PRÉFÉRENCE POUR DES VÉHICULES PLUS ÉCONOMIQUES EN CARBURANT OU STIMULER L'INTÉRÊT POUR LES ALTERNATIVES TELLES QUE LES VÉHICULES ÉLECTRIQUES OU LES TRANSPORTS EN COMMUN. INVERSEMENT, UNE BAISSE DES PRIX PEUT ENCOURAGER L'UTILISATION ACCRUE DE VÉHICULES PERSONNELS. LE COÛT DE L'ESSENCE RESTE UN FACTEUR ÉCONOMIQUE CLÉ, INFLUENÇANT NON SEULEMENT LES DÉCISIONS INDIVIDUELLES DES CONSOMMATEURS, MAIS AUSSI LES POLITIQUES ÉNERGÉTIQUES ET ENVIRONNEMENTALES DES GOUVERNEMENTS.

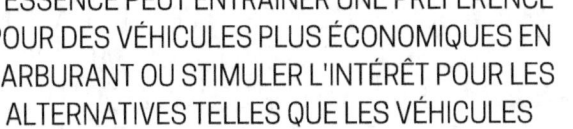
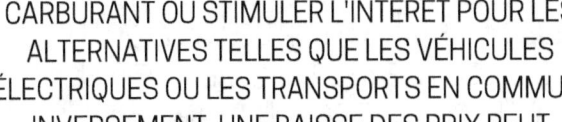

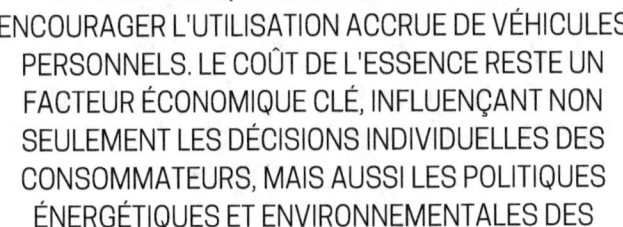

POPULARITÉ CROSSOVERS

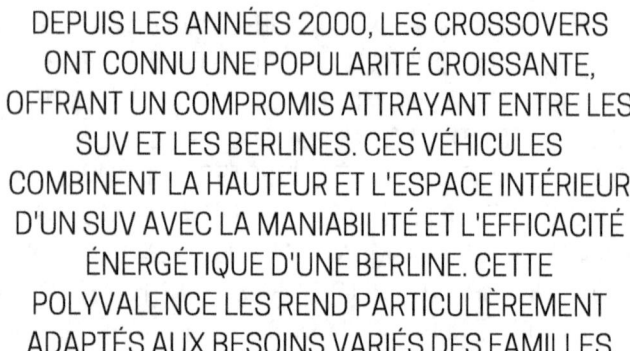

DEPUIS LES ANNÉES 2000, LES CROSSOVERS ONT CONNU UNE POPULARITÉ CROISSANTE, OFFRANT UN COMPROMIS ATTRAYANT ENTRE LES SUV ET LES BERLINES. CES VÉHICULES COMBINENT LA HAUTEUR ET L'ESPACE INTÉRIEUR D'UN SUV AVEC LA MANIABILITÉ ET L'EFFICACITÉ ÉNERGÉTIQUE D'UNE BERLINE. CETTE POLYVALENCE LES REND PARTICULIÈREMENT ADAPTÉS AUX BESOINS VARIÉS DES FAMILLES MODERNES, QUI APPRÉCIENT À LA FOIS LE CONFORT SUR LES LONGS TRAJETS ET L'AISANCE DANS LES ENVIRONNEMENTS URBAINS. LES CROSSOVERS, AVEC LEUR DESIGN ÉLÉGANT, LEUR ESPACE INTÉRIEUR GÉNÉREUX, ET LEURS CAPACITÉS DE CONDUITE AMÉLIORÉES, RÉPONDENT AUX TENDANCES ACTUELLES EN MATIÈRE DE STYLE DE VIE ET DE MOBILITÉ, ILLUSTRANT COMMENT LES PRÉFÉRENCES DES CONSOMMATEURS FAÇONNENT L'ÉVOLUTION DE L'INDUSTRIE AUTOMOBILE.

41

PASSION RALLYE

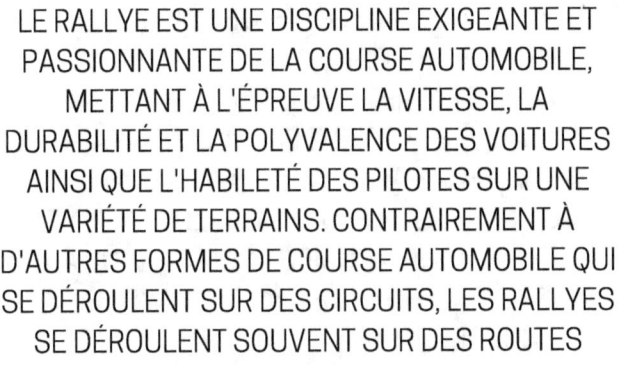

LE RALLYE EST UNE DISCIPLINE EXIGEANTE ET PASSIONNANTE DE LA COURSE AUTOMOBILE, METTANT À L'ÉPREUVE LA VITESSE, LA DURABILITÉ ET LA POLYVALENCE DES VOITURES AINSI QUE L'HABILETÉ DES PILOTES SUR UNE VARIÉTÉ DE TERRAINS. CONTRAIREMENT À D'AUTRES FORMES DE COURSE AUTOMOBILE QUI SE DÉROULENT SUR DES CIRCUITS, LES RALLYES SE DÉROULENT SOUVENT SUR DES ROUTES PUBLIQUES OU DES CHEMINS HORS ROUTE, AVEC DES CONDITIONS ALLANT DU GOUDRON SEC AUX CHEMINS DE TERRE ET DE NEIGE. LES VOITURES DE RALLYE SONT SPÉCIALEMENT CONÇUES POUR RÉSISTER À CES CONDITIONS DIFFICILES, AVEC DES MODIFICATIONS POUR UNE MEILLEURE ADHÉRENCE, UNE SUSPENSION ROBUSTE ET UNE PROTECTION RENFORCÉE. LE RALLYE MET EN LUMIÈRE NON SEULEMENT LA PERFORMANCE DES VÉHICULES, MAIS AUSSI LA PRÉCISION, L'ENDURANCE ET LA STRATÉGIE DES ÉQUIPES ET DES PILOTES.

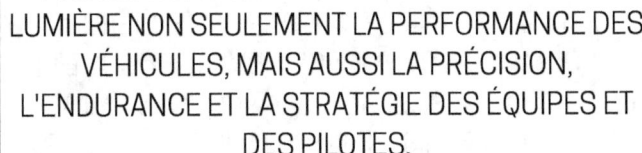

42

ÉVOLUTION MOTEURS

L'ÉVOLUTION DES MOTEURS DE VOITURE EST UNE HISTOIRE FASCINANTE D'INNOVATION ET D'ADAPTATION TECHNOLOGIQUE. INITIALEMENT, LES VOITURES ÉTAIENT PROPULSÉES PAR DES MOTEURS À VAPEUR, RELATIVEMENT ENCOMBRANTS ET PEU EFFICACES. L'INVENTION DU MOTEUR À COMBUSTION INTERNE A RADICALEMENT CHANGÉ LE PAYSAGE AUTOMOBILE, OFFRANT UNE PLUS GRANDE PUISSANCE, UNE MEILLEURE EFFICACITÉ ET UNE PLUS GRANDE AUTONOMIE. CES MOTEURS ONT ÉVOLUÉ DE SIMPLES CONCEPTIONS MONOCYLINDRIQUES À DES CONFIGURATIONS COMPLEXES À PLUSIEURS CYLINDRES, INTÉGRANT DES TECHNOLOGIES COMME L'INJECTION DE CARBURANT, LE TURBOCHARGEMENT ET LES SYSTÈMES HYBRIDES. CHAQUE ÉTAPE DE CETTE ÉVOLUTION A ÉTÉ MOTIVÉE PAR LA RECHERCHE DE PERFORMANCE, D'EFFICACITÉ ÉNERGÉTIQUE ET DE RÉDUCTION DES IMPACTS ENVIRONNEMENTAUX, REFLÉTANT LES BESOINS CHANGEANTS ET LES AVANCÉES TECHNOLOGIQUES DE LA SOCIÉTÉ.

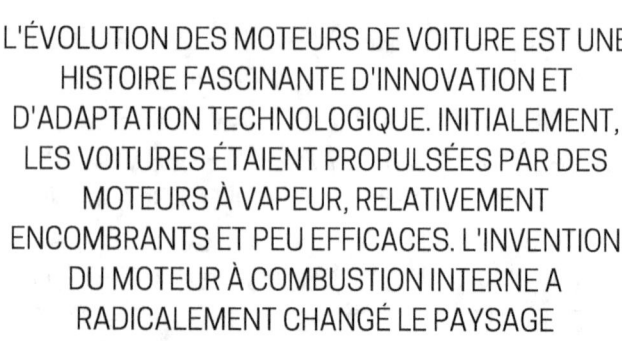
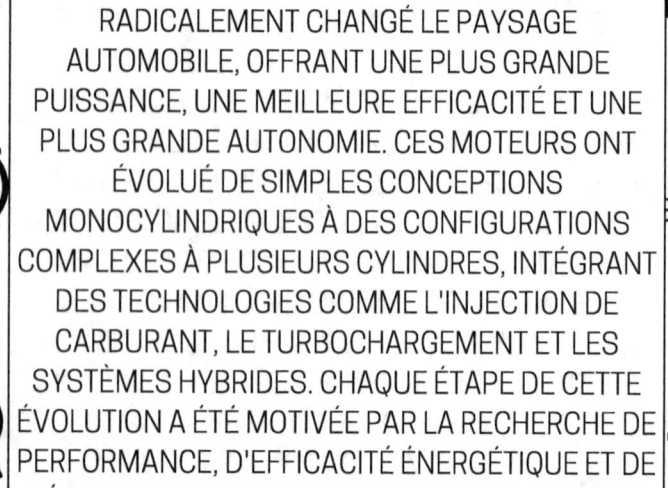

  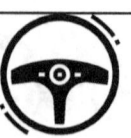 

43

PICK-UPS AMÉRICAINS

AUX ÉTATS-UNIS, LES PICK-UP JOUISSENT D'UNE POPULARITÉ REMARQUABLE, SE CLASSANT SOUVENT PARMI LES VÉHICULES LES PLUS VENDUS. LEUR ATTRAIT RÉSIDE DANS LEUR POLYVALENCE ET LEUR ROBUSTESSE. CONÇUS INITIALEMENT POUR LE TRAVAIL ET LE TRANSPORT DE MATÉRIEL, LES PICK-UP MODERNES ALLIENT FONCTIONNALITÉ ET CONFORT, AVEC DES INTÉRIEURS SPACIEUX ET DES ÉQUIPEMENTS AVANCÉS. LEUR CAPACITÉ DE REMORQUAGE ET LEUR ESPACE DE CHARGEMENT LES RENDENT IDÉAUX POUR UNE VARIÉTÉ D'ACTIVITÉS, DES TRAVAUX PROFESSIONNELS AUX LOISIRS. EN OUTRE, LEUR STYLE ROBUSTE ET LEUR POSITION DE CONDUITE SURÉLEVÉE ONT UN ATTRAIT ESTHÉTIQUE ET PRATIQUE. LEUR POPULARITÉ REFLÈTE UN MODE DE VIE OÙ LA POLYVALENCE, LA PERFORMANCE ET LA CAPACITÉ SONT HAUTEMENT VALORISÉES.

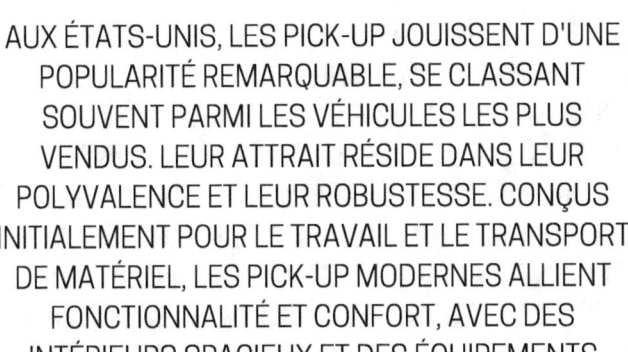

44

DIVERTISSEMENT EN VOITURE

LES SYSTÈMES DE DIVERTISSEMENT DANS LES VOITURES MODERNES ONT ÉVOLUÉ POUR DEVENIR DES CENTRES MULTIMÉDIAS AVANCÉS, OFFRANT UNE MULTITUDE DE FONCTIONNALITÉS POUR AMÉLIORER L'EXPÉRIENCE DE CONDUITE ET DE VOYAGE. LES ÉCRANS TACTILES INTERACTIFS PERMETTENT UN ACCÈS FACILE À DES SYSTÈMES DE NAVIGATION, DES OPTIONS DE STREAMING MUSICAL, ET DES INFORMATIONS SUR LE VÉHICULE. LES CONNEXIONS POUR SMARTPHONES VIA DES TECHNOLOGIES COMME APPLE CARPLAY OU ANDROID AUTO PERMETTENT UNE INTÉGRATION TRANSPARENTE DU TÉLÉPHONE AVEC LE SYSTÈME DE LA VOITURE, DONNANT ACCÈS À DES APPLICATIONS, DE LA MUSIQUE, DES MESSAGES ET PLUS ENCORE. CES SYSTÈMES AMÉLIORENT NON SEULEMENT LE CONFORT ET LE DIVERTISSEMENT, MAIS CONTRIBUENT ÉGALEMENT À UNE CONDUITE PLUS SÛRE EN PERMETTANT AUX CONDUCTEURS DE RESTER CONNECTÉS SANS DÉTOURNEMENT DE L'ATTENTION.

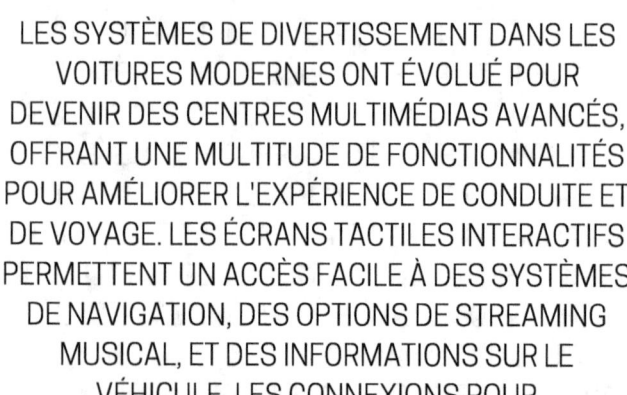

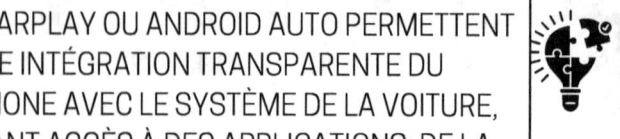

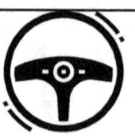

45

COÛTS DE PRODUCTION

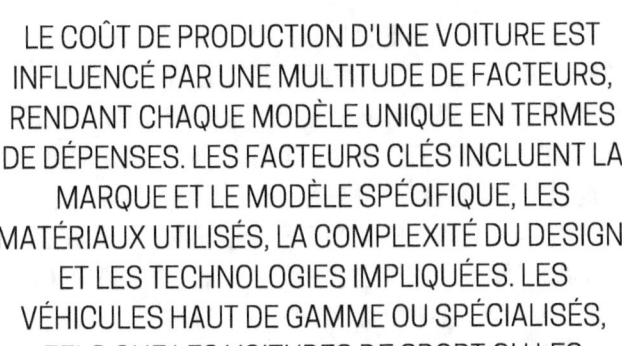

LE COÛT DE PRODUCTION D'UNE VOITURE EST INFLUENCÉ PAR UNE MULTITUDE DE FACTEURS, RENDANT CHAQUE MODÈLE UNIQUE EN TERMES DE DÉPENSES. LES FACTEURS CLÉS INCLUENT LA MARQUE ET LE MODÈLE SPÉCIFIQUE, LES MATÉRIAUX UTILISÉS, LA COMPLEXITÉ DU DESIGN, ET LES TECHNOLOGIES IMPLIQUÉES. LES VÉHICULES HAUT DE GAMME OU SPÉCIALISÉS, TELS QUE LES VOITURES DE SPORT OU LES VÉHICULES ÉLECTRIQUES, PEUVENT NÉCESSITER DES MATÉRIAUX PLUS COÛTEUX OU DES PROCESSUS DE FABRICATION AVANCÉS. LES INNOVATIONS EN MATIÈRE DE SÉCURITÉ, DE PERFORMANCE ET DE TECHNOLOGIE D'INFODIVERTISSEMENT PEUVENT ÉGALEMENT AUGMENTER LES COÛTS. DE PLUS, DES FACTEURS TELS QUE LES COÛTS DE MAIN-D'ŒUVRE, LA LOGISTIQUE DE PRODUCTION ET LES ÉCONOMIES D'ÉCHELLE JOUENT UN RÔLE CRUCIAL. AINSI, LE COÛT DE PRODUCTION REFLÈTE UN ÉQUILIBRE ENTRE LA QUALITÉ, LA TECHNOLOGIE ET L'EFFICACITÉ DE LA PRODUCTION.

  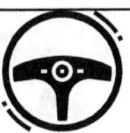 

46

AVÈNEMENT FREINS DISQUE

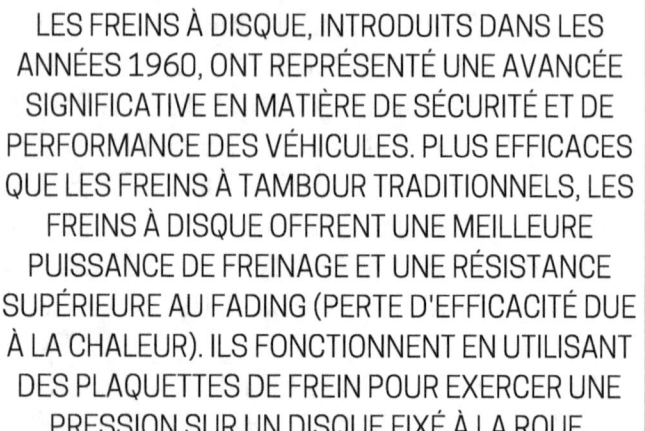

LES FREINS À DISQUE, INTRODUITS DANS LES ANNÉES 1960, ONT REPRÉSENTÉ UNE AVANCÉE SIGNIFICATIVE EN MATIÈRE DE SÉCURITÉ ET DE PERFORMANCE DES VÉHICULES. PLUS EFFICACES QUE LES FREINS À TAMBOUR TRADITIONNELS, LES FREINS À DISQUE OFFRENT UNE MEILLEURE PUISSANCE DE FREINAGE ET UNE RÉSISTANCE SUPÉRIEURE AU FADING (PERTE D'EFFICACITÉ DUE À LA CHALEUR). ILS FONCTIONNENT EN UTILISANT DES PLAQUETTES DE FREIN POUR EXERCER UNE PRESSION SUR UN DISQUE FIXÉ À LA ROUE, RALENTISSANT AINSI LE VÉHICULE DE MANIÈRE PLUS CONTRÔLÉE ET EFFICACE. LEUR CONCEPTION PERMET ÉGALEMENT UNE MEILLEURE DISSIPATION DE LA CHALEUR, CE QUI EST CRUCIAL LORS DE FREINAGES INTENSIFS. LEUR ADOPTION GÉNÉRALISÉE DANS LES VÉHICULES DE TOURISME A GRANDEMENT AMÉLIORÉ LA SÉCURITÉ ROUTIÈRE, RENDANT LES FREINS À DISQUE UN ÉLÉMENT STANDARD DANS LA PLUPART DES VOITURES MODERNES.

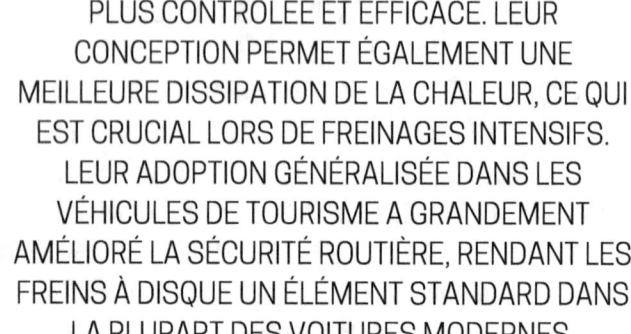

47

SALONS AUTO MAJEURS

LES SALONS AUTOMOBILES, TELS QUE LE SALON DE L'AUTO DE GENÈVE ET LE NORTH AMERICAN INTERNATIONAL AUTO SHOW, SONT DES ÉVÉNEMENTS PHARES DE L'INDUSTRIE AUTOMOBILE. CES EXPOSITIONS OFFRENT AUX CONSTRUCTEURS L'OPPORTUNITÉ DE PRÉSENTER LEURS DERNIÈRES CRÉATIONS, DES MODÈLES DE PRODUCTION AUX CONCEPTS FUTURISTES. CES SALONS SONT DES VITRINES POUR LES INNOVATIONS TECHNOLOGIQUES, LES TENDANCES DE DESIGN ET LES AVANCÉES EN MATIÈRE DE DURABILITÉ ET DE PERFORMANCE. ILS PERMETTENT ÉGALEMENT AUX ENTREPRISES DE SONDER LES RÉACTIONS DU PUBLIC ET DE LA PRESSE, INFLUENÇANT POTENTIELLEMENT LES STRATÉGIES DE MARCHÉ FUTURES. POUR LES PASSIONNÉS D'AUTOMOBILE, CES ÉVÉNEMENTS SONT UNE OCCASION INCONTOURNABLE DE DÉCOUVRIR LES DERNIÈRES ÉVOLUTIONS DU SECTEUR ET D'APERCEVOIR CE QUE L'AVENIR RÉSERVE EN MATIÈRE DE MOBILITÉ.

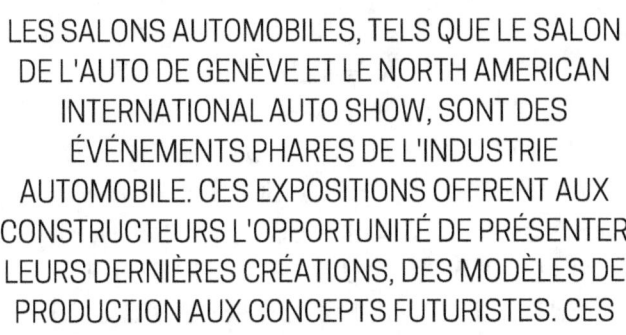

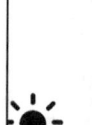

48

MODE ET AUTOMOBILE

L'INTERSECTION ENTRE L'AUTOMOBILE ET LA MODE SE MANIFESTE DANS DES COLLABORATIONS ENTRE DES MARQUES DE MODE DE LUXE ET DES CONSTRUCTEURS AUTOMOBILES. DES MAISONS DE COUTURE RENOMMÉES COMME GUCCI ET VERSACE ONT COLLABORÉ AVEC DES FABRICANTS DE VOITURES POUR CRÉER DES ÉDITIONS SPÉCIALES QUI FUSIONNENT LE LUXE, LE STYLE ET LA PERFORMANCE. CES ÉDITIONS LIMITÉES OFFRENT DES INTÉRIEURS PERSONNALISÉS, DES FINITIONS EXTÉRIEURES EXCLUSIVES ET PARFOIS DES ÉLÉMENTS DE DESIGN EMBLÉMATIQUES DES MARQUES DE MODE. CES COLLABORATIONS SONT LE SYMBOLE D'UN LUXE ULTIME, OÙ LA MODE ET L'AUTOMOBILE SE RENCONTRENT POUR CRÉER DES VÉHICULES QUI SONT AUTANT DES DÉCLARATIONS DE STYLE QUE DES MOYENS DE TRANSPORT. ELLES ILLUSTRENT L'IMPORTANCE DU DESIGN ET DE L'IDENTITÉ DE MARQUE DANS LA PERCEPTION ET LE DÉSIR DES CONSOMMATEURS.

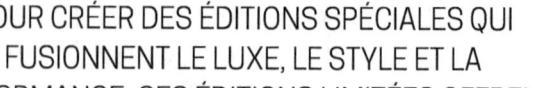

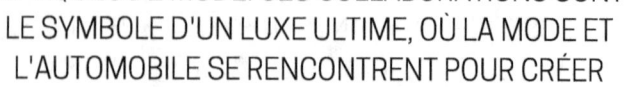

49

SUVS POIDS LOURD

DANS LE DOMAINE DES VÉHICULES DE PRODUCTION, LES SUV ET LES PICK-UP FIGURENT SOUVENT PARMI LES MODÈLES LES PLUS LOURDS, AVEC CERTAINS DÉPASSANT LES 3 TONNES. CETTE MASSE SUBSTANTIELLE EST DUE À LEUR GRANDE TAILLE, À LEUR CHÂSSIS ROBUSTE ET À LEUR ÉQUIPEMENT TOUT-TERRAIN. BIEN QUE CETTE MASSE PUISSE CONTRIBUER À UNE MEILLEURE STABILITÉ ET À UNE SENSATION DE SÉCURITÉ, ELLE IMPACTE ÉGALEMENT LA CONSOMMATION DE CARBURANT ET L'USURE DES COMPOSANTS, TELS QUE LES FREINS ET LES PNEUS. LA TENDANCE ACTUELLE VERS DES VÉHICULES PLUS GRANDS ET PLUS LOURDS, NOTAMMENT DANS LES SEGMENTS DES SUV DE LUXE ET DES PICK-UP, REFLÈTE LES PRÉFÉRENCES DES CONSOMMATEURS POUR L'ESPACE, LE CONFORT ET LA CAPACITÉ DE REMORQUAGE, TOUT EN POSANT DES DÉFIS EN TERMES D'EFFICACITÉ ÉNERGÉTIQUE ET D'IMPACT ENVIRONNEMENTAL.

50

AUTONOMIE VE RECORD

LES VÉHICULES ÉLECTRIQUES (VE) MODERNES ONT RÉALISÉ D'IMPORTANTS PROGRÈS EN TERMES D'AUTONOMIE, AVEC CERTAINS MODÈLES CAPABLES DE PARCOURIR PLUS DE 500 KILOMÈTRES SUR UNE SEULE CHARGE. CETTE AMÉLIORATION EST PRINCIPALEMENT DUE À L'ÉVOLUTION DES TECHNOLOGIES DE BATTERIE, NOTAMMENT L'AUGMENTATION DE LA DENSITÉ ÉNERGÉTIQUE ET L'EFFICACITÉ DE GESTION DE L'ÉNERGIE. CES AVANCÉES RÉDUISENT L'ANXIÉTÉ LIÉE À L'AUTONOMIE, UN DES PRINCIPAUX OBSTACLES À L'ADOPTION DES VE. UNE AUTONOMIE ACCRUE, COMBINÉE À L'EXPANSION DES INFRASTRUCTURES DE RECHARGE, REND LES VOITURES ÉLECTRIQUES DE PLUS EN PLUS VIABLES COMME ALTERNATIVE AUX VÉHICULES À COMBUSTION, TANT POUR LES DÉPLACEMENTS QUOTIDIENS QUE POUR LES LONGS TRAJETS.

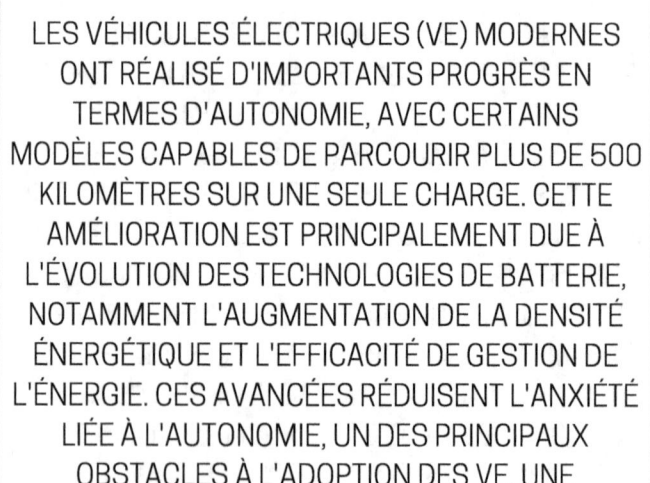

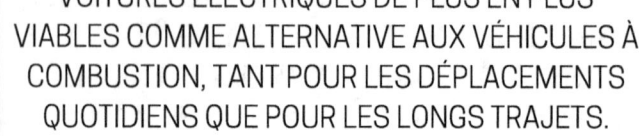

51

HYBRIDES RECHARGEABLES

LES VOITURES HYBRIDES RECHARGEABLES (PHEV) COMBINENT UN MOTEUR À ESSENCE ET UN MOTEUR ÉLECTRIQUE, OFFRANT AUX CONDUCTEURS UNE FLEXIBILITÉ ET UNE EFFICACITÉ ACCRUES. CES VÉHICULES PEUVENT FONCTIONNER EN MODE ENTIÈREMENT ÉLECTRIQUE POUR LES TRAJETS COURTS, RÉDUISANT AINSI LA CONSOMMATION DE CARBURANT ET LES ÉMISSIONS DE CO_2. POUR LES LONGS TRAJETS, LE MOTEUR À ESSENCE PREND LE RELAIS, ÉLIMINANT L'ANXIÉTÉ LIÉE À L'AUTONOMIE SOUVENT ASSOCIÉE AUX VÉHICULES ÉLECTRIQUES PURS. LES PHEV REPRÉSENTENT UNE OPTION ATTRAYANTE POUR LES CONSOMMATEURS SOUHAITANT RÉDUIRE LEUR EMPREINTE CARBONE SANS COMPROMETTRE LA PRATICITÉ. LEUR POPULARITÉ CROISSANTE EST UN SIGNE DE LA TRANSITION EN COURS DANS L'INDUSTRIE AUTOMOBILE VERS DES OPTIONS DE TRANSPORT PLUS DURABLES.

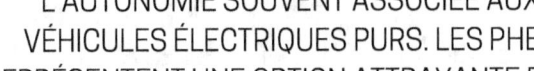

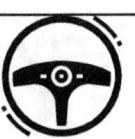

52

ÉVOLUTION LUMINEUSE

L'ÉVOLUTION DES PHARES DE VOITURE EST UN EXCELLENT EXEMPLE DE LA PROGRESSION TECHNOLOGIQUE DANS L'INDUSTRIE AUTOMOBILE. INITIALEMENT, LES VOITURES ÉTAIENT ÉQUIPÉES DE LANTERNES À HUILE QUI OFFRAIENT UNE LUMIÈRE LIMITÉE. AVEC L'ARRIVÉE DE L'ÉLECTRICITÉ, LES PHARES SONT DEVENUS PLUS PUISSANTS ET PLUS FIABLES. LES DÉVELOPPEMENTS ULTÉRIEURS ONT INTRODUIT LES PHARES HALOGÈNES, PUIS LES PHARES À XÉNON, OFFRANT UNE LUMINOSITÉ ET UNE EFFICACITÉ ACCRUES. AUJOURD'HUI, LES PHARES À LED DOMINENT, GRÂCE À LEUR LONGÉVITÉ, LEUR EFFICACITÉ ÉNERGÉTIQUE ET LEUR LUMINOSITÉ SUPÉRIEURE. LES SYSTÈMES D'ÉCLAIRAGE ADAPTATIFS, QUI AJUSTENT LE FAISCEAU DE LUMIÈRE EN FONCTION DES CONDITIONS DE CONDUITE, REPRÉSENTENT UNE AUTRE AVANCÉE, AMÉLIORANT LA SÉCURITÉ ET LE CONFORT DE CONDUITE NOCTURNE. CETTE ÉVOLUTION CONTINUE DES PHARES REFLÈTE L'IMPORTANCE CROISSANTE DE LA VISIBILITÉ ET DE LA SÉCURITÉ DANS LA CONCEPTION AUTOMOBILE.

53

PARE-BRISE CHAUFFANT

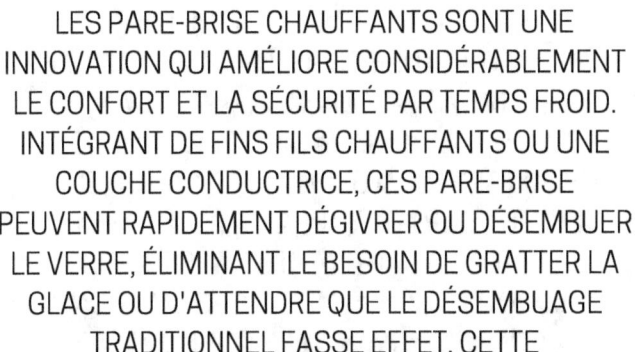

LES PARE-BRISE CHAUFFANTS SONT UNE INNOVATION QUI AMÉLIORE CONSIDÉRABLEMENT LE CONFORT ET LA SÉCURITÉ PAR TEMPS FROID. INTÉGRANT DE FINS FILS CHAUFFANTS OU UNE COUCHE CONDUCTRICE, CES PARE-BRISE PEUVENT RAPIDEMENT DÉGIVRER OU DÉSEMBUER LE VERRE, ÉLIMINANT LE BESOIN DE GRATTER LA GLACE OU D'ATTENDRE QUE LE DÉSEMBUAGE TRADITIONNEL FASSE EFFET. CETTE FONCTIONNALITÉ EST PARTICULIÈREMENT UTILE DANS LES CLIMATS FROIDS, OÙ LE GIVRE ET LA BUÉE PEUVENT SÉRIEUSEMENT COMPROMETTRE LA VISIBILITÉ DU CONDUCTEUR. EN PLUS DE LEUR COMMODITÉ, LES PARE-BRISE CHAUFFANTS CONTRIBUENT ÉGALEMENT À LA SÉCURITÉ EN GARANTISSANT UNE VUE CLAIRE DE LA ROUTE DANS DES CONDITIONS MÉTÉOROLOGIQUES DÉFAVORABLES.

VOITURES EN PUBLICITÉ

LA PUBLICITÉ AUTOMOBILE A JOUÉ UN RÔLE CLÉ DANS LA CULTURE POPULAIRE, REFLÉTANT ET PARFOIS MÊME FAÇONNANT LES TENDANCES ET LES ATTITUDES DE L'ÉPOQUE. LES CAMPAGNES PUBLICITAIRES AUTOMOBILES SONT DEVENUES CÉLÈBRES POUR LEUR CRÉATIVITÉ, UTILISANT DES HISTOIRES CAPTIVANTES, DES IMAGES SAISISSANTES ET DES MESSAGES ÉMOTIONNELS POUR CONNECTER AVEC LES CONSOMMATEURS. DE LA MISE EN VALEUR DE LA LIBERTÉ ET DE L'AVENTURE AUX MESSAGES AXÉS SUR LA SÉCURITÉ ET LA DURABILITÉ, LA PUBLICITÉ AUTOMOBILE A ÉVOLUÉ POUR REFLÉTER LES PRÉOCCUPATIONS ET LES ASPIRATIONS DES CONSOMMATEURS. CES CAMPAGNES SONT SOUVENT DES FENÊTRES SUR LES VALEURS SOCIALES, ÉCONOMIQUES ET ENVIRONNEMENTALES D'UNE ÉPOQUE, OFFRANT PLUS QU'UNE SIMPLE PROMOTION DE PRODUIT, MAIS PLUTÔT UNE EXPRESSION ARTISTIQUE ET CULTURELLE.

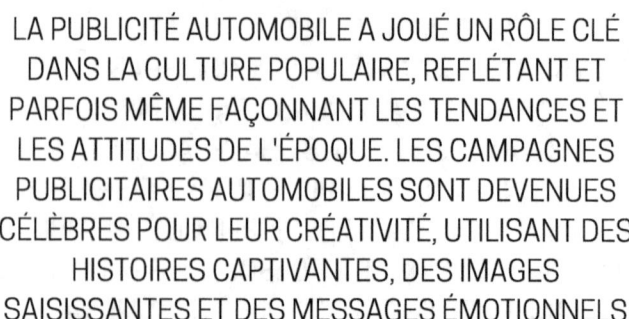

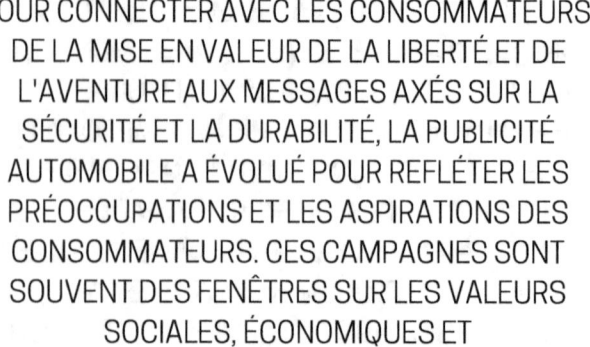

55

AUTOMOBILE EN MUSIQUE

LES VOITURES ONT SOUVENT ÉTÉ IMMORTALISÉES DANS LA MUSIQUE, SYMBOLISANT LA LIBERTÉ, LE STYLE, ET PARFOIS MÊME L'AVENTURE ET LA RÉBELLION. DE NOMBREUX ARTISTES, À TRAVERS DIFFÉRENTS GENRES MUSICAUX, ONT CAPTURÉ L'ESSENCE DE CE QUE REPRÉSENTE UNE VOITURE DANS LEURS CHANSONS. CES VÉHICULES NE SONT PAS SEULEMENT DES MOYENS DE TRANSPORT; ILS SONT DEVENUS DES MÉTAPHORES DE L'ÉMANCIPATION, DES OBJETS DE DÉSIR, OU DES COMPAGNONS DE ROUTE DANS DES RÉCITS DE VOYAGE ET DE DÉCOUVERTE PERSONNELLE. QUE CE SOIT DANS LES RYTHMIQUES DU ROCK, DU BLUES, DU COUNTRY OU DU HIP-HOP, LES VOITURES FIGURENT DANS LES PAROLES ET LES MÉLODIES, TÉMOIGNANT DE LEUR IMPACT PROFOND SUR LA CULTURE ET LES EXPÉRIENCES INDIVIDUELLES.

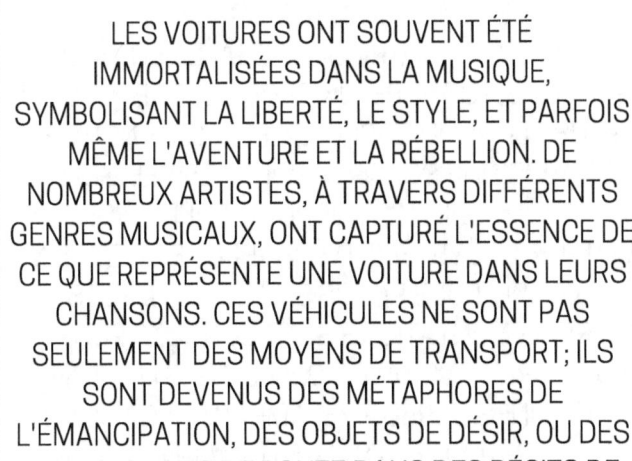

NORMES SONORES

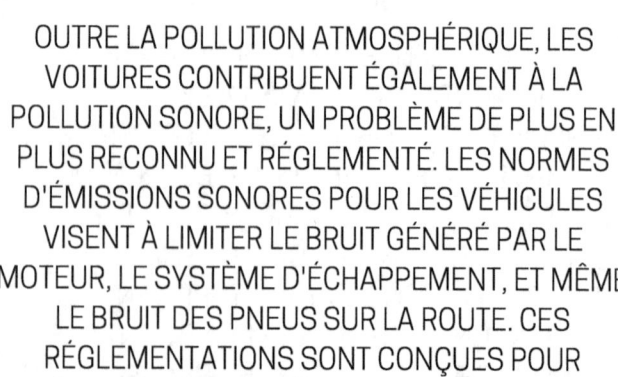
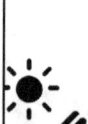

OUTRE LA POLLUTION ATMOSPHÉRIQUE, LES VOITURES CONTRIBUENT ÉGALEMENT À LA POLLUTION SONORE, UN PROBLÈME DE PLUS EN PLUS RECONNU ET RÉGLEMENTÉ. LES NORMES D'ÉMISSIONS SONORES POUR LES VÉHICULES VISENT À LIMITER LE BRUIT GÉNÉRÉ PAR LE MOTEUR, LE SYSTÈME D'ÉCHAPPEMENT, ET MÊME LE BRUIT DES PNEUS SUR LA ROUTE. CES RÉGLEMENTATIONS SONT CONÇUES POUR AMÉLIORER LA QUALITÉ DE VIE DANS LES ZONES URBAINES ET RÉDUIRE L'IMPACT NÉGATIF DU BRUIT SUR LA SANTÉ HUMAINE. LES CONSTRUCTEURS AUTOMOBILES RÉPONDENT À CES RÉGLEMENTATIONS EN CONCEVANT DES MOTEURS PLUS SILENCIEUX, EN AMÉLIORANT L'ISOLATION ACOUSTIQUE ET EN DÉVELOPPANT DES TECHNOLOGIES POUR RÉDUIRE LE BRUIT DE ROULEMENT. AVEC L'AUGMENTATION DES VÉHICULES ÉLECTRIQUES, QUI SONT NATURELLEMENT PLUS SILENCIEUX, ON S'ATTEND À UNE RÉDUCTION SIGNIFICATIVE DE LA POLLUTION SONORE DANS LES ENVIRONNEMENTS URBAINS.

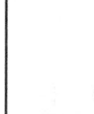

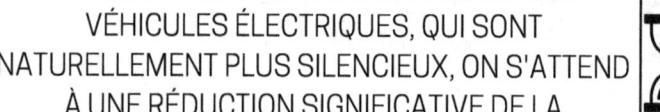

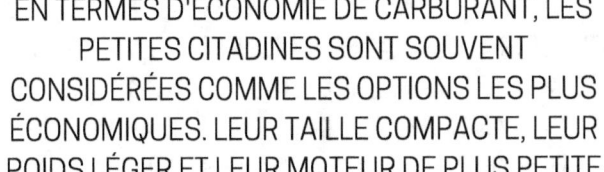

ÉCONOMIE CITADINES

EN TERMES D'ÉCONOMIE DE CARBURANT, LES PETITES CITADINES SONT SOUVENT CONSIDÉRÉES COMME LES OPTIONS LES PLUS ÉCONOMIQUES. LEUR TAILLE COMPACTE, LEUR POIDS LÉGER ET LEUR MOTEUR DE PLUS PETITE TAILLE CONTRIBUENT À UNE CONSOMMATION DE CARBURANT RÉDUITE, CE QUI LES REND IDÉALES POUR LA CONDUITE EN VILLE ET POUR LES PERSONNES SOUCIEUSES DE LEUR BUDGET. CES VÉHICULES SONT CONÇUS POUR MAXIMISER L'EFFICACITÉ ÉNERGÉTIQUE, OFFRANT UNE SOLUTION PRATIQUE POUR LA MOBILITÉ QUOTIDIENNE SANS LES COÛTS DE CARBURANT ÉLEVÉS ASSOCIÉS AUX VÉHICULES PLUS GRANDS. EN PLUS DE LEUR EFFICACITÉ EN CARBURANT, LES PETITES CITADINES SONT ÉGALEMENT APPRÉCIÉES POUR LEUR MANIABILITÉ ET LEUR FACILITÉ DE STATIONNEMENT, DES ATOUTS IMPORTANTS DANS LES ZONES URBAINES DENSÉMENT PEUPLÉES.

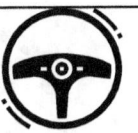

58

ART MODERNE

LES VOITURES ONT LONGTEMPS ÉTÉ UNE SOURCE D'INSPIRATION DANS LE MONDE DE L'ART, AVEC DES ARTISTES CÉLÈBRES TELS QU'ANDY WARHOL ET ROY LICHTENSTEIN LES INTÉGRANT DANS LEURS ŒUVRES. CES ARTISTES ONT SOUVENT UTILISÉ LES VOITURES COMME SYMBOLES DE LA CULTURE MODERNE, DE LA CONSOMMATION ET DE L'ESTHÉTIQUE CONTEMPORAINE. ANDY WARHOL, PAR EXEMPLE, EST CONNU POUR SES SÉRIGRAPHIES DE VOITURES, QUI EXPLORENT LES THÈMES DE LA REPRODUCTION EN SÉRIE ET DU GLAMOUR. ROY LICHTENSTEIN A UTILISÉ DES VOITURES DANS SES ŒUVRES POP ART POUR COMMENTER LA CULTURE POPULAIRE ET LA SOCIÉTÉ DE CONSOMMATION. EN TRANSFORMANT LES VOITURES EN ART, CES ARTISTES ONT NON SEULEMENT CÉLÉBRÉ CES MACHINES EN TANT QU'OBJETS DE DÉSIR ET SYMBOLES DE STATUT, MAIS ONT AUSSI CRITIQUÉ LES ASPECTS CULTURELS ET SOCIAUX QU'ELLES REPRÉSENTENT.

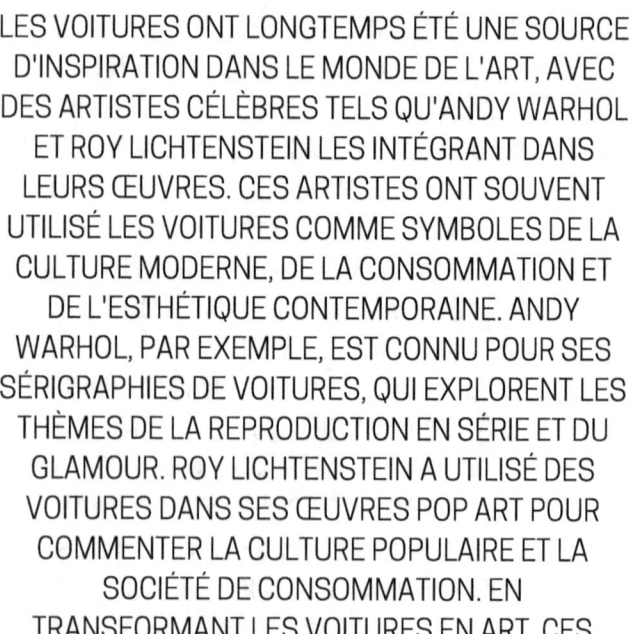

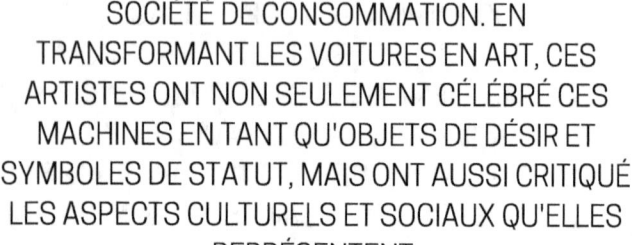

CUSTOMISATION AUTOMOBILE

LA PERSONNALISATION DES VOITURES EST UN ASPECT ESSENTIEL DE LA CULTURE AUTOMOBILE, PERMETTANT AUX PROPRIÉTAIRES DE VÉHICULES D'EXPRIMER LEUR INDIVIDUALITÉ ET LEUR STYLE. CETTE PERSONNALISATION PEUT VARIER DE MODIFICATIONS MINEURES, TELLES QUE L'AJOUT D'AUTOCOLLANTS OU DE PEINTURE PERSONNALISÉE, À DES RECONSTRUCTIONS COMPLÈTES QUI MODIFIENT LA PERFORMANCE, L'APPARENCE ET L'INTÉRIEUR DU VÉHICULE. LES PASSIONNÉS DE VOITURES INVESTISSENT SOUVENT BEAUCOUP DE TEMPS ET D'ARGENT DANS CES PERSONNALISATIONS, CRÉANT DES VÉHICULES UNIQUES QUI REFLÈTENT LEURS GOÛTS PERSONNELS ET PARFOIS MÊME LEUR IDENTITÉ. LES RASSEMBLEMENTS ET LES EXPOSITIONS DE VOITURES SONT DES LIEUX OÙ CES CRÉATIONS SONT SOUVENT EXPOSÉES ET APPRÉCIÉES PAR D'AUTRES AMATEURS.

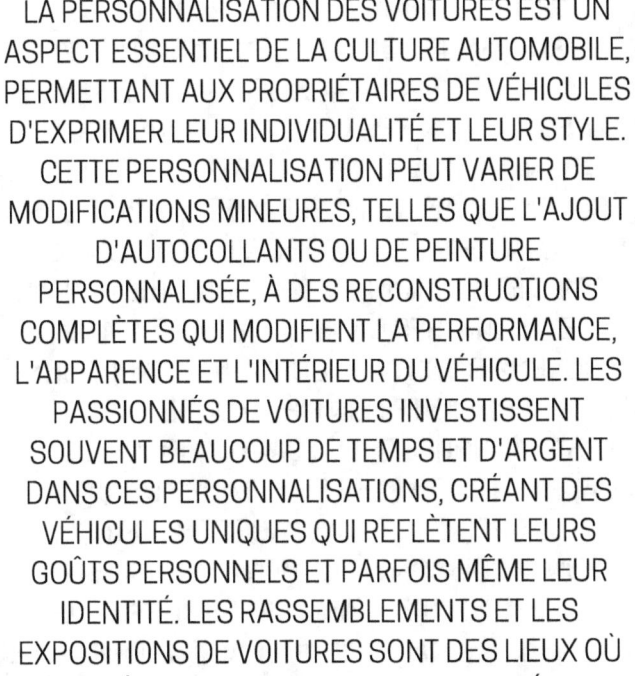

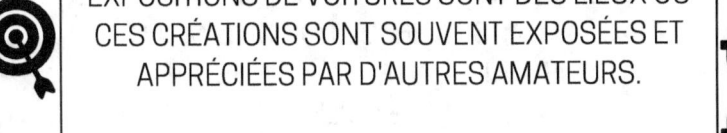

60

RECYCLAGE VÉHICULES

LE RECYCLAGE DES VOITURES EST UN PROCESSUS COMPLEXE EN RAISON DE LA VARIÉTÉ DES MATÉRIAUX UTILISÉS DANS LEUR CONSTRUCTION. LES VÉHICULES HORS D'USAGE SONT DÉMONTÉS ET LEURS DIFFÉRENTES COMPOSANTES SONT SÉPARÉES ET TRAITÉES SELON LEUR NATURE. LES MÉTAUX COMME L'ACIER ET L'ALUMINIUM PEUVENT ÊTRE FONDUS ET RÉUTILISÉS DANS LA PRODUCTION DE NOUVELLES VOITURES OU D'AUTRES PRODUITS. LES COMPOSANTS NON MÉTALLIQUES, TELS QUE LES PLASTIQUES ET LES CAOUTCHOUCS, SONT ÉGALEMENT RECYCLÉS OU ÉLIMINÉS DE MANIÈRE APPROPRIÉE. LE RECYCLAGE DES VOITURES CONTRIBUE NON SEULEMENT À RÉDUIRE LES DÉCHETS ET À ÉCONOMISER LES RESSOURCES NATURELLES, MAIS IL JOUE ÉGALEMENT UN RÔLE CRUCIAL DANS LA RÉDUCTION DE L'IMPACT ENVIRONNEMENTAL DE L'INDUSTRIE AUTOMOBILE.

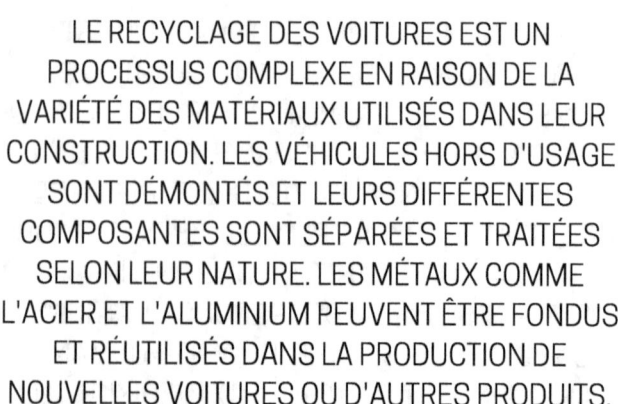

61

SIÈGES CHAUFFANTS

INTRODUITS POUR LA PREMIÈRE FOIS DANS LES ANNÉES 1960, LES SIÈGES CHAUFFANTS SONT DEVENUS UNE CARACTÉRISTIQUE DE CONFORT TRÈS APPRÉCIÉE DANS DE NOMBREUX VÉHICULES MODERNES. INITIALEMENT RÉSERVÉS AUX MODÈLES DE LUXE, CES SIÈGES SONT MAINTENANT DISPONIBLES DANS UNE LARGE GAMME DE VÉHICULES, Y COMPRIS LES MODÈLES PLUS ABORDABLES. LES SIÈGES CHAUFFANTS UTILISENT DES ÉLÉMENTS CHAUFFANTS ÉLECTRIQUES INTÉGRÉS DANS LE SIÈGE POUR FOURNIR DE LA CHALEUR, AMÉLIORANT AINSI LE CONFORT DU CONDUCTEUR ET DES PASSAGERS DANS LES CLIMATS FROIDS. CERTAINS MODÈLES OFFRENT MÊME DES RÉGLAGES DE TEMPÉRATURE AJUSTABLES, PERMETTANT AUX UTILISATEURS DE PERSONNALISER LEUR NIVEAU DE CONFORT. CETTE FONCTIONNALITÉ EST PARTICULIÈREMENT APPRÉCIÉE LORS DES MATINS FROIDS D'HIVER, TRANSFORMANT L'EXPÉRIENCE DE CONDUITE EN UNE EXPÉRIENCE PLUS CHALEUREUSE ET PLUS ACCUEILLANTE.

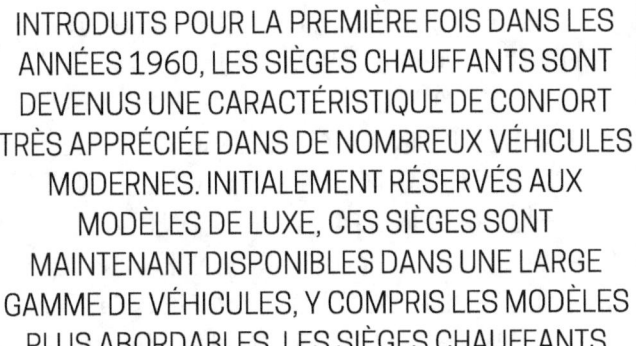

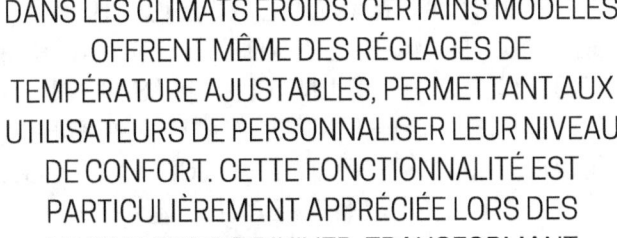

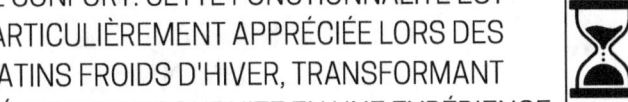

62

VOITURES SOLAIRES

LES VOITURES SOLAIRES, QUI UTILISENT L'ÉNERGIE SOLAIRE COMME SOURCE D'ÉNERGIE PRINCIPALE OU COMPLÉMENTAIRE, SONT À LA POINTE DE L'INNOVATION EN MATIÈRE DE VÉHICULES ÉCOLOGIQUES. BIEN QU'ELLES SOIENT ENCORE PRINCIPALEMENT À UN STADE EXPÉRIMENTAL, CES VOITURES INTÈGRENT DES CELLULES PHOTOVOLTAÏQUES POUR CONVERTIR LA LUMIÈRE DU SOLEIL EN ÉLECTRICITÉ, ALIMENTANT AINSI LE MOTEUR DU VÉHICULE. LES DÉFIS À SURMONTER POUR CES VÉHICULES INCLUENT L'EFFICACITÉ DES CELLULES SOLAIRES, LE STOCKAGE DE L'ÉNERGIE ET LA GESTION DU POIDS POUR MAXIMISER L'EFFICACITÉ ÉNERGÉTIQUE. MALGRÉ CES DÉFIS, LES VOITURES SOLAIRES OFFRENT UN APERÇU FASCINANT D'UNE POTENTIELLE FUTURE MOBILITÉ DURABLE, RÉDUISANT LA DÉPENDANCE AUX COMBUSTIBLES FOSSILES ET MINIMISANT L'IMPACT ENVIRONNEMENTAL.

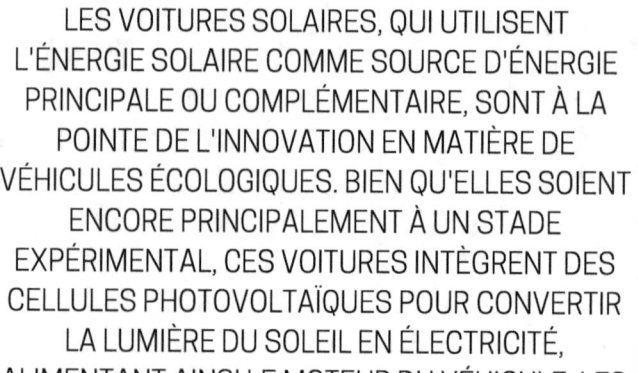

63

AUTO DANS JEUX VIDÉO

LES JEUX VIDÉO TELS QUE "NEED FOR SPEED" ET "GRAN TURISMO" ONT JOUÉ UN RÔLE SIGNIFICATIF DANS LA POPULARISATION DES VOITURES ET DE LA CULTURE AUTOMOBILE AUPRÈS DES JEUNES GÉNÉRATIONS. CES JEUX OFFRENT UNE EXPÉRIENCE IMMERSIVE, PERMETTANT AUX JOUEURS DE CONDUIRE UNE VARIÉTÉ DE VOITURES, DES MODÈLES QUOTIDIENS AUX SUPERCARS DE LUXE. ILS REPRODUISENT SOUVENT FIDÈLEMENT LES PERFORMANCES ET L'APPARENCE DES VÉHICULES RÉELS, OFFRANT UNE PLATEFORME POUR LES AMATEURS DE VOITURES POUR DÉCOUVRIR ET APPRÉCIER UNE GAMME ÉTENDUE DE MODÈLES. EN PLUS DE LA CONDUITE, CES JEUX PERMETTENT SOUVENT LA PERSONNALISATION DES VÉHICULES, AJOUTANT UN ÉLÉMENT SUPPLÉMENTAIRE D'ENGAGEMENT. ILS ONT NON SEULEMENT CONTRIBUÉ À ÉDUQUER ET À ENTHOUSIASMER LES JEUNES SUR L'AUTOMOBILE, MAIS ONT ÉGALEMENT SERVI DE TREMPLIN POUR DE FUTURS CONDUCTEURS ET AMATEURS DE VOITURES.

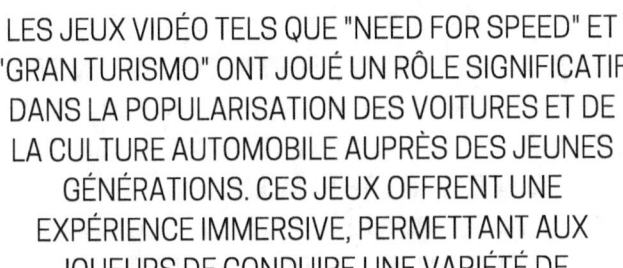

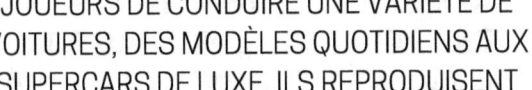

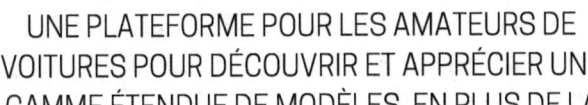
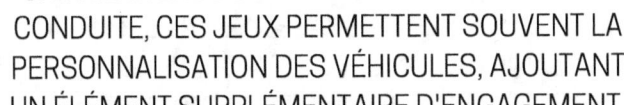

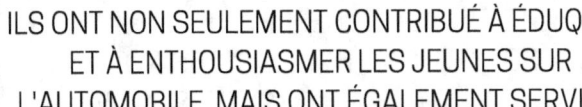

64

VOITURES ET URBANISME

L'AVÈNEMENT DE L'AUTOMOBILE A
RADICALEMENT TRANSFORMÉ L'URBANISME ET
LA STRUCTURE DES VILLES. AVEC LA POPULARITÉ
CROISSANTE DES VOITURES AU 20E SIÈCLE, LES
VILLES ONT ÉTÉ REMODELÉES POUR
ACCOMMODER LA CIRCULATION AUTOMOBILE.
CELA A INCLUS L'ÉLARGISSEMENT DES RUES, LA
CONSTRUCTION DE VASTES RÉSEAUX ROUTIERS,
D'AUTOROUTES ET DE PARKINGS. LES BANLIEUES
SE SONT ÉTENDUES, CAR LA VOITURE
PERMETTAIT AUX GENS DE VIVRE PLUS LOIN DE
LEUR LIEU DE TRAVAIL. CETTE ÉVOLUTION A
CEPENDANT AUSSI CONDUIT À DES DÉFIS TELS
QUE LA CONGESTION DU TRAFIC, LA POLLUTION ET
LA RÉDUCTION DES ESPACES VERTS ET PUBLICS.
LA PLANIFICATION URBAINE MODERNE INTÈGRE
DÉSORMAIS DES CONSIDÉRATIONS SUR LA
MOBILITÉ DURABLE, CHERCHANT À ÉQUILIBRER
LES BESOINS DES AUTOMOBILISTES AVEC CEUX
DES PIÉTONS, DES CYCLISTES ET DE
L'ENVIRONNEMENT.

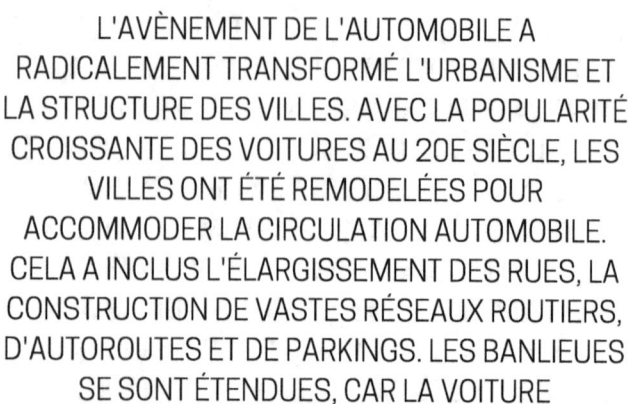

  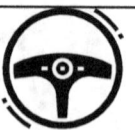 

65

ASSURANCE AUTOMOBILE

L'ASSURANCE AUTOMOBILE EST UNE COMPOSANTE CRUCIALE DE L'INDUSTRIE AUTOMOBILE. AVEC L'AUGMENTATION DU NOMBRE DE VÉHICULES ET LA COMPLEXITÉ CROISSANTE DES SYSTÈMES DE TRANSPORT, L'ASSURANCE OFFRE UNE PROTECTION FINANCIÈRE CONTRE LES RISQUES DE LA ROUTE, COUVRANT LES ACCIDENTS, LES DOMMAGES AUX VÉHICULES, LE VOL ET PARFOIS MÊME LES DOMMAGES CAUSÉS À DES TIERS. LES POLICES D'ASSURANCE VARIENT CONSIDÉRABLEMENT EN FONCTION DES FACTEURS COMME LA VALEUR DU VÉHICULE, L'HISTORIQUE DE CONDUITE DU PROPRIÉTAIRE, LA COUVERTURE SOUHAITÉE ET LA JURIDICTION. POUR DE NOMBREUX CONDUCTEURS, L'ASSURANCE AUTOMOBILE EST NON SEULEMENT UNE OBLIGATION LÉGALE, MAIS AUSSI UNE MESURE DE PRÉCAUTION ESSENTIELLE POUR SE PROTÉGER CONTRE LES IMPRÉVUS FINANCIERS EN CAS D'ACCIDENT OU DE VOL.

66

ÉVOLUTION DU VOLANT

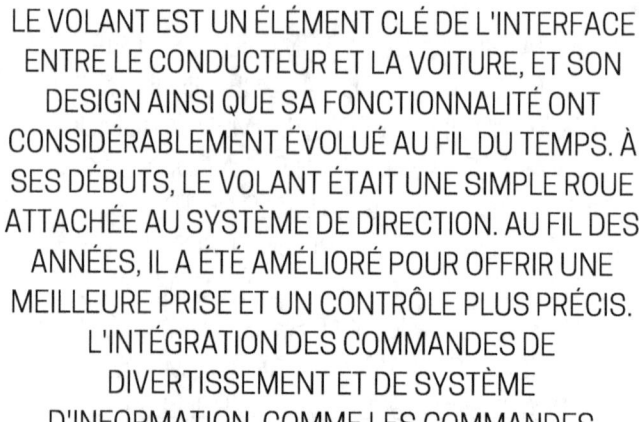

LE VOLANT EST UN ÉLÉMENT CLÉ DE L'INTERFACE ENTRE LE CONDUCTEUR ET LA VOITURE, ET SON DESIGN AINSI QUE SA FONCTIONNALITÉ ONT CONSIDÉRABLEMENT ÉVOLUÉ AU FIL DU TEMPS. À SES DÉBUTS, LE VOLANT ÉTAIT UNE SIMPLE ROUE ATTACHÉE AU SYSTÈME DE DIRECTION. AU FIL DES ANNÉES, IL A ÉTÉ AMÉLIORÉ POUR OFFRIR UNE MEILLEURE PRISE ET UN CONTRÔLE PLUS PRÉCIS. L'INTÉGRATION DES COMMANDES DE DIVERTISSEMENT ET DE SYSTÈME D'INFORMATION, COMME LES COMMANDES AUDIO, LA RECONNAISSANCE VOCALE ET LE RÉGULATEUR DE VITESSE, A AJOUTÉ UNE DIMENSION DE COMMODITÉ ET DE SÉCURITÉ, PERMETTANT AUX CONDUCTEURS DE MAINTENIR LEUR ATTENTION SUR LA ROUTE. L'AJOUT D'AIRBAGS DANS LE VOLANT A ÉTÉ UNE AUTRE AVANCÉE MAJEURE, OFFRANT UNE PROTECTION ESSENTIELLE EN CAS DE COLLISION. LE VOLANT D'AUJOURD'HUI EST UN CONCENTRÉ DE TECHNOLOGIE ET DE DESIGN ERGONOMIQUE, REFLÉTANT LES AVANCÉES EN MATIÈRE DE SÉCURITÉ ET DE CONFORT AUTOMOBILE.

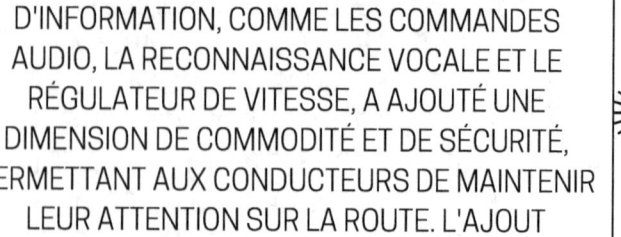

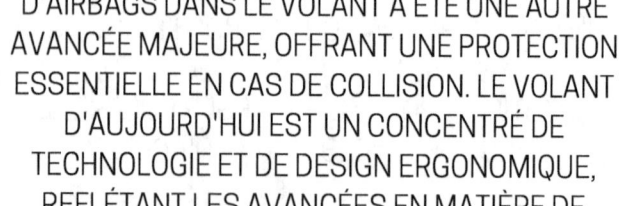

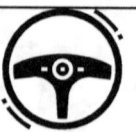

CONNECTIVITÉ VÉHICULES

LA CONNECTIVITÉ EST DEVENUE UNE CARACTÉRISTIQUE CENTRALE DES VOITURES MODERNES, REFLÉTANT L'IMPORTANCE CROISSANTE DE LA TECHNOLOGIE NUMÉRIQUE DANS LA VIE QUOTIDIENNE. LES VÉHICULES D'AUJOURD'HUI OFFRENT SOUVENT UNE INTÉGRATION AVANCÉE AVEC DES APPAREILS MOBILES, PERMETTANT AUX CONDUCTEURS ET AUX PASSAGERS DE SE CONNECTER À LEURS SMARTPHONES POUR LA MUSIQUE, LA NAVIGATION, LES APPELS ET PLUS ENCORE. DES SYSTÈMES COMME APPLE CARPLAY ET ANDROID AUTO FACILITENT CETTE INTÉGRATION, OFFRANT UNE INTERFACE UTILISATEUR CONVIVIALE ET SÉCURISÉE. DE PLUS, DE NOMBREUX VÉHICULES SONT ÉQUIPÉS DE LEUR PROPRE CONNECTIVITÉ INTERNET, PERMETTANT L'ACCÈS À UNE GAMME DE SERVICES EN LIGNE, Y COMPRIS L'ASSISTANCE ROUTIÈRE, LES INFORMATIONS EN TEMPS RÉEL ET LES MISES À JOUR LOGICIELLES. CETTE CONNECTIVITÉ AMÉLIORE NON SEULEMENT LE CONFORT ET L'EXPÉRIENCE DE CONDUITE, MAIS OUVRE ÉGALEMENT LA VOIE À DE FUTURES INNOVATIONS COMME LA CONDUITE AUTONOME.

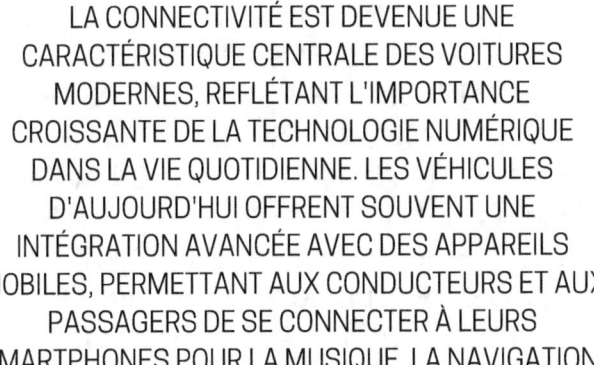

68

IMPORTANCE FEUX STOP

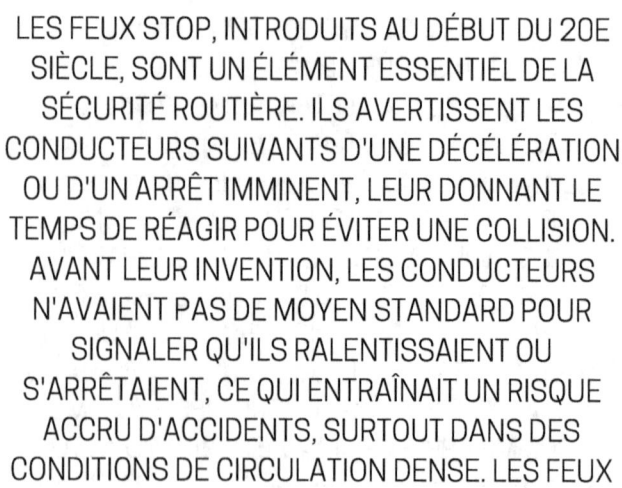

LES FEUX STOP, INTRODUITS AU DÉBUT DU 20E SIÈCLE, SONT UN ÉLÉMENT ESSENTIEL DE LA SÉCURITÉ ROUTIÈRE. ILS AVERTISSENT LES CONDUCTEURS SUIVANTS D'UNE DÉCÉLÉRATION OU D'UN ARRÊT IMMINENT, LEUR DONNANT LE TEMPS DE RÉAGIR POUR ÉVITER UNE COLLISION. AVANT LEUR INVENTION, LES CONDUCTEURS N'AVAIENT PAS DE MOYEN STANDARD POUR SIGNALER QU'ILS RALENTISSAIENT OU S'ARRÊTAIENT, CE QUI ENTRAÎNAIT UN RISQUE ACCRU D'ACCIDENTS, SURTOUT DANS DES CONDITIONS DE CIRCULATION DENSE. LES FEUX STOP ONT CONTRIBUÉ À RÉDUIRE SIGNIFICATIVEMENT LES ACCIDENTS DE LA ROUTE, ET LEUR CONCEPTION A ÉTÉ RAFFINÉE AU FIL DU TEMPS POUR AUGMENTER LEUR VISIBILITÉ ET LEUR EFFICACITÉ. ILS SONT AUJOURD'HUI UN ÉQUIPEMENT OBLIGATOIRE SUR TOUS LES VÉHICULES À MOTEUR.

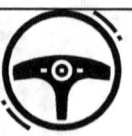

69

AUTOMOBILE ET POLITIQUE

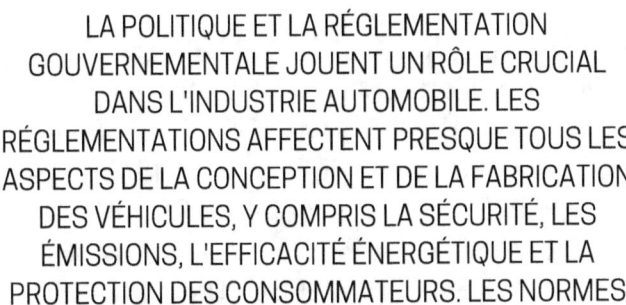

LA POLITIQUE ET LA RÉGLEMENTATION GOUVERNEMENTALE JOUENT UN RÔLE CRUCIAL DANS L'INDUSTRIE AUTOMOBILE. LES RÉGLEMENTATIONS AFFECTENT PRESQUE TOUS LES ASPECTS DE LA CONCEPTION ET DE LA FABRICATION DES VÉHICULES, Y COMPRIS LA SÉCURITÉ, LES ÉMISSIONS, L'EFFICACITÉ ÉNERGÉTIQUE ET LA PROTECTION DES CONSOMMATEURS. LES NORMES D'ÉMISSION, PAR EXEMPLE, ONT POUSSÉ L'INDUSTRIE À DÉVELOPPER DES TECHNOLOGIES PLUS PROPRES ET PLUS EFFICACES, TELLES QUE LES VÉHICULES ÉLECTRIQUES ET HYBRIDES. LES RÉGLEMENTATIONS EN MATIÈRE DE SÉCURITÉ ONT CONDUIT À L'INTRODUCTION DE CARACTÉRISTIQUES TELLES QUE LES AIRBAGS, LES CEINTURES DE SÉCURITÉ ET LES SYSTÈMES DE FREINAGE AVANCÉS. LES DÉCISIONS POLITIQUES PEUVENT ÉGALEMENT INFLUENCER LES TENDANCES DU MARCHÉ, COMME LES INCITATIONS FISCALES POUR LES VÉHICULES ÉCOLOGIQUES OU LES RESTRICTIONS SUR LES VÉHICULES À FORTE CONSOMMATION. EN RÉSUMÉ, LA POLITIQUE JOUE UN RÔLE DÉTERMINANT DANS LA CONFIGURATION DU PAYSAGE AUTOMOBILE MONDIAL.

  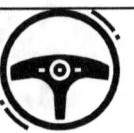 

70

PNEUS RUN-FLAT

LES PNEUS RUN-FLAT REPRÉSENTENT UNE INNOVATION SIGNIFICATIVE EN MATIÈRE DE SÉCURITÉ ET DE COMMODITÉ POUR LES CONDUCTEURS. CONÇUS POUR RÉSISTER À LA PERTE DE PRESSION D'AIR APRÈS UNE CREVAISON, CES PNEUS PERMETTENT DE CONTINUER À CONDUIRE SUR UNE DISTANCE LIMITÉE, GÉNÉRALEMENT À UNE VITESSE RÉDUITE. CELA OFFRE AUX CONDUCTEURS LA POSSIBILITÉ DE SE RENDRE EN SÉCURITÉ DANS UN LIEU OÙ ILS PEUVENT RÉPARER OU REMPLACER LE PNEU, SANS NÉCESSITER UN CHANGEMENT IMMÉDIAT SUR LE BORD DE LA ROUTE. LES PNEUS RUN-FLAT SONT DOTÉS DE FLANCS RENFORCÉS QUI SUPPORTENT LE POIDS DU VÉHICULE MÊME EN L'ABSENCE DE PRESSION D'AIR. ILS CONTRIBUENT À RÉDUIRE LES RISQUES LIÉS AUX CREVAISONS SOUDAINES, EN PARTICULIER SUR LES AUTOROUTES OU DANS DES ZONES OÙ L'ASSISTANCE ROUTIÈRE EST DIFFICILEMENT ACCESSIBLE.

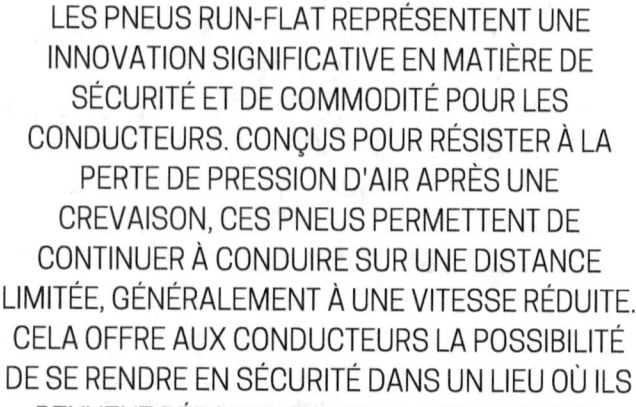

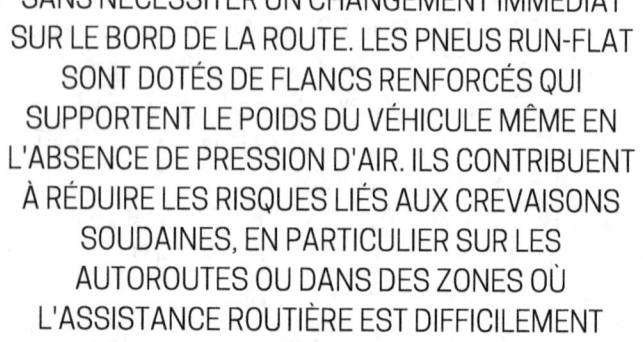

71

TABLEAU BORD FUTURISTE

LE TABLEAU DE BORD DES VOITURES A SUBI UNE
TRANSFORMATION REMARQUABLE, PASSANT DE
SIMPLES INDICATEURS MÉCANIQUES À DES
CENTRES DE CONTRÔLE NUMÉRIQUES HIGH-TECH.
LES TABLEAUX DE BORD MODERNES INTÈGRENT
SOUVENT DES ÉCRANS NUMÉRIQUES QUI
AFFICHENT UNE VARIÉTÉ D'INFORMATIONS SUR LE
VÉHICULE, DE LA VITESSE ET DU RÉGIME MOTEUR
À LA NAVIGATION ET À LA MUSIQUE. DE
NOMBREUX VÉHICULES OFFRENT ÉGALEMENT
DES AFFICHAGES TÊTE HAUTE (HUD), PROJETANT
DES INFORMATIONS IMPORTANTES DIRECTEMENT
DANS LE CHAMP DE VISION DU CONDUCTEUR. CES
AVANCÉES TECHNOLOGIQUES AMÉLIORENT NON
SEULEMENT L'EXPÉRIENCE DE CONDUITE, MAIS
AUGMENTENT ÉGALEMENT LA SÉCURITÉ EN
PERMETTANT AUX CONDUCTEURS DE RESTER
CONCENTRÉS SUR LA ROUTE TOUT EN ACCÉDANT
AUX INFORMATIONS ESSENTIELLES.

72

MANUELLE VS AUTOMATIQUE

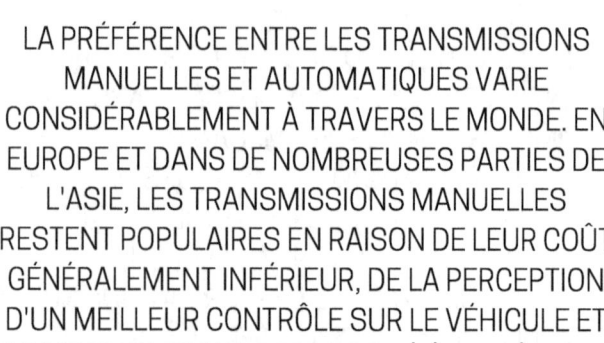

LA PRÉFÉRENCE ENTRE LES TRANSMISSIONS MANUELLES ET AUTOMATIQUES VARIE CONSIDÉRABLEMENT À TRAVERS LE MONDE. EN EUROPE ET DANS DE NOMBREUSES PARTIES DE L'ASIE, LES TRANSMISSIONS MANUELLES RESTENT POPULAIRES EN RAISON DE LEUR COÛT GÉNÉRALEMENT INFÉRIEUR, DE LA PERCEPTION D'UN MEILLEUR CONTRÔLE SUR LE VÉHICULE ET D'UNE PLUS GRANDE EFFICACITÉ ÉNERGÉTIQUE. EN REVANCHE, AUX ÉTATS-UNIS ET DANS DE NOMBREUX PAYS DÉVELOPPÉS, LES TRANSMISSIONS AUTOMATIQUES DOMINENT LE MARCHÉ, APPRÉCIÉES POUR LEUR COMMODITÉ, EN PARTICULIER DANS LES ZONES URBAINES À FORTE CIRCULATION. LES TRANSMISSIONS AUTOMATIQUES ONT ÉGALEMENT ÉVOLUÉ AVEC L'INTRODUCTION DE TECHNOLOGIES TELLES QUE LES TRANSMISSIONS À VARIATION CONTINUE (CVT) ET LES BOÎTES DE VITESSES AUTOMATIQUES À DOUBLE EMBRAYAGE, QUI OFFRENT UNE MEILLEURE EFFICACITÉ ÉNERGÉTIQUE ET DES CHANGEMENTS DE VITESSE PLUS RAPIDES.

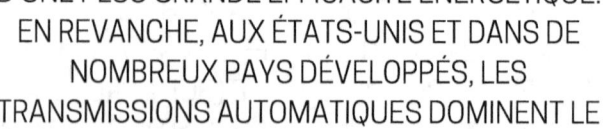

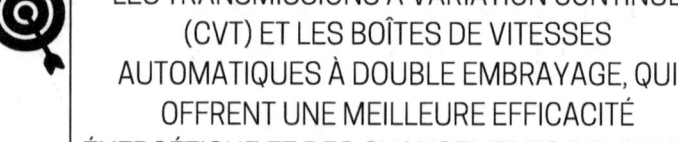

73

COVOITURAGE URBAIN

LES PLATEFORMES DE COVOITURAGE TELLES
QU'UBER ET LYFT ONT TRANSFORMÉ LES MODES
DE TRANSPORT URBAIN. EN OFFRANT UNE
ALTERNATIVE PRATIQUE ET FLEXIBLE AUX TAXIS
TRADITIONNELS ET AUX TRANSPORTS EN
COMMUN, CES SERVICES ONT CHANGÉ LA FAÇON
DONT DE NOMBREUSES PERSONNES SE
DÉPLACENT EN VILLE. GRÂCE À UNE APPLICATION
MOBILE FACILE À UTILISER, LES UTILISATEURS
PEUVENT COMMANDER UN TRAJET EN QUELQUES
CLICS, CE QUI REND LE COVOITURAGE
ACCESSIBLE ET PRATIQUE. CES PLATEFORMES
ONT ÉGALEMENT FOURNI DES OPPORTUNITÉS
ÉCONOMIQUES POUR DES MILLIONS DE
CONDUCTEURS À TRAVERS LE MONDE. EN OUTRE,
ELLES CONTRIBUENT À RÉDUIRE LA CONGESTION
ET LES ÉMISSIONS EN DIMINUANT LE BESOIN DE
VÉHICULES PERSONNELS ET EN OPTIMISANT
L'UTILISATION DES VOITURES EXISTANTES.

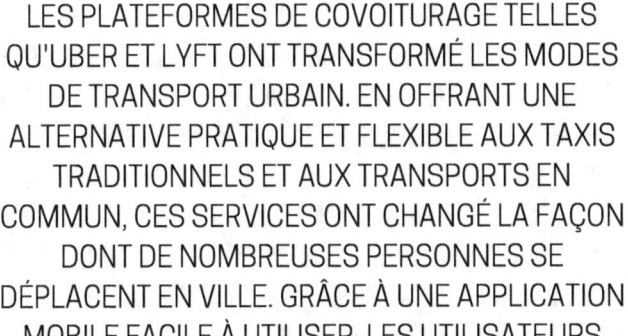

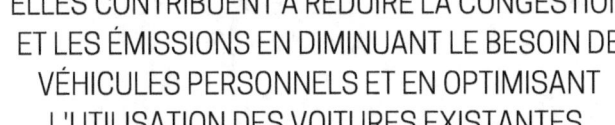

SUIVI VÉHICULE

LES SYSTÈMES DE SUIVI DES VÉHICULES SONT DEVENUS UN OUTIL ESSENTIEL POUR LA GESTION ET LA SÉCURITÉ DES AUTOMOBILES. UTILISANT LA TECHNOLOGIE GPS ET D'AUTRES MÉTHODES DE LOCALISATION, CES SYSTÈMES PERMETTENT AUX PROPRIÉTAIRES DE VOITURES ET AUX ENTREPRISES DE SUIVRE LA POSITION DE LEURS VÉHICULES EN TEMPS RÉEL. EN CAS DE VOL, LE SYSTÈME DE SUIVI PEUT AIDER À LOCALISER ET À RÉCUPÉRER LE VÉHICULE RAPIDEMENT. DANS LE SECTEUR LOGISTIQUE, CES SYSTÈMES SONT CRUCIAUX POUR LA GESTION DE FLOTTE, PERMETTANT UNE PLANIFICATION EFFICACE DES ITINÉRAIRES, UNE SURVEILLANCE DES PERFORMANCES DU VÉHICULE ET UNE AMÉLIORATION GLOBALE DE L'EFFICACITÉ OPÉRATIONNELLE.

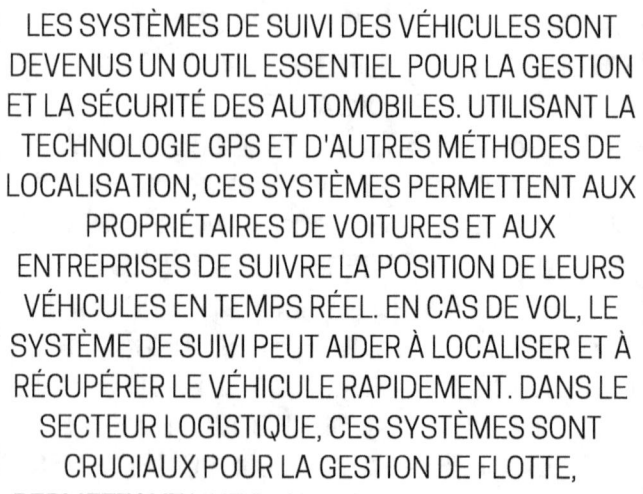
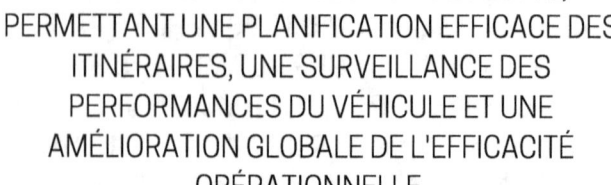

75

VOITURES EN LITTÉRATURE

DANS LA LITTÉRATURE, LES VOITURES ONT SOUVENT ÉTÉ UTILISÉES COMME DES SYMBOLES PUISSANTS, REPRÉSENTANT LE STATUT, LA LIBERTÉ OU L'AVENTURE. DE NOMBREUX ROMANS CÉLÈBRES INTÈGRENT DES VOITURES DE MANIÈRE SIGNIFICATIVE DANS LEURS RÉCITS. DANS CERTAINS CAS, LES VOITURES SONT UN SIGNE DE LUXE ET DE STATUT SOCIAL, TANDIS QUE DANS D'AUTRES, ELLES SYMBOLISENT LA LIBERTÉ ET L'ÉVASION, PERMETTANT AUX PERSONNAGES DE S'ÉCHAPPER DE LEUR ENVIRONNEMENT QUOTIDIEN OU DE SE LANCER DANS DES AVENTURES. QUE CE SOIT COMME ÉLÉMENTS CENTRAUX DE L'INTRIGUE OU COMME SYMBOLES MÉTAPHORIQUES, LES VOITURES DANS LA LITTÉRATURE ENRICHISSENT LES HISTOIRES, AJOUTANT UNE DIMENSION DE RÉALISME OU OFFRANT UN MOYEN DE SOULIGNER LES THÈMES ET LES CARACTÉRISTIQUES DES PERSONNAGES.

INDICATEURS DE DIRECTION

LES CLIGNOTANTS, OU INDICATEURS DE DIRECTION, INTRODUITS DANS LES ANNÉES 1930, SONT DEVENUS UN ÉLÉMENT ESSENTIEL DE LA SÉCURITÉ AUTOMOBILE. AVANT LEUR INVENTION, LES CONDUCTEURS UTILISAIENT DES SIGNAUX À LA MAIN POUR INDIQUER LES CHANGEMENTS DE DIRECTION, UNE MÉTHODE PEU FIABLE ET SOUVENT DANGEREUSE. LES CLIGNOTANTS ONT APPORTÉ UNE SOLUTION CLAIRE ET UNIFORME POUR SIGNALER LES INTENTIONS DU CONDUCTEUR AUX AUTRES USAGERS DE LA ROUTE, RÉDUISANT AINSI LE RISQUE D'ACCIDENTS LORS DES CHANGEMENTS DE VOIE OU DES VIRAGES. DEVENUS UNE CARACTÉRISTIQUE STANDARD SUR TOUS LES VÉHICULES, ILS SONT UN EXEMPLE PARFAIT DE LA FAÇON DONT UNE INNOVATION RELATIVEMENT SIMPLE PEUT AVOIR UN IMPACT PROFOND SUR LA SÉCURITÉ ROUTIÈRE.

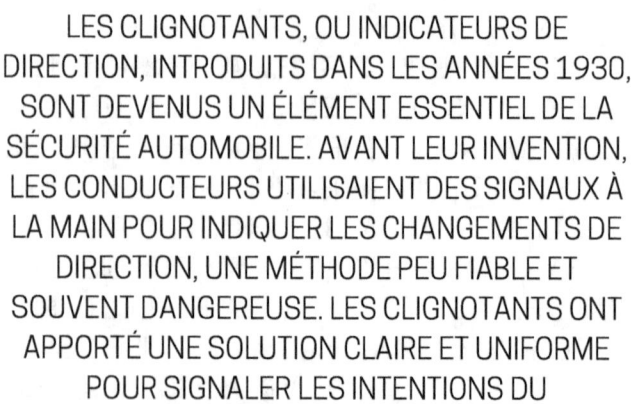

77

VOITURES HISTORIQUEMENT INFLUENTES

DES MODÈLES COMME LA FORD MODEL T ET LA VOLKSWAGEN COCCINELLE SONT CONSIDÉRÉS COMME PARMI LES VOITURES LES PLUS INFLUENTES DE L'HISTOIRE. LA FORD MODEL T, INTRODUITE PAR HENRY FORD EN 1908, EST SOUVENT CRÉDITÉE D'AVOIR POPULARISÉ L'AUTOMOBILE AUPRÈS DU GRAND PUBLIC. SA PRODUCTION EN MASSE ET SON PRIX ABORDABLE L'ONT RENDUE ACCESSIBLE À UNE LARGE PARTIE DE LA POPULATION, CHANGEANT RADICALEMENT LE MODE DE VIE ET LA MOBILITÉ. LA VOLKSWAGEN COCCINELLE, AVEC SON DESIGN DISTINCTIF ET SA PRODUCTION LONGUE DURÉE, EST DEVENUE UN SYMBOLE CULTUREL BIEN AU-DELÀ DE SON RÔLE EN TANT QUE MOYEN DE TRANSPORT. CES VÉHICULES ONT NON SEULEMENT MARQUÉ DES POINTS TOURNANTS DANS L'INDUSTRIE AUTOMOBILE, MAIS ILS ONT ÉGALEMENT EU UN IMPACT SIGNIFICATIF SUR LA SOCIÉTÉ ET LA CULTURE.

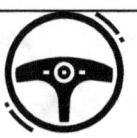

GARAGES ÉVOLUTION

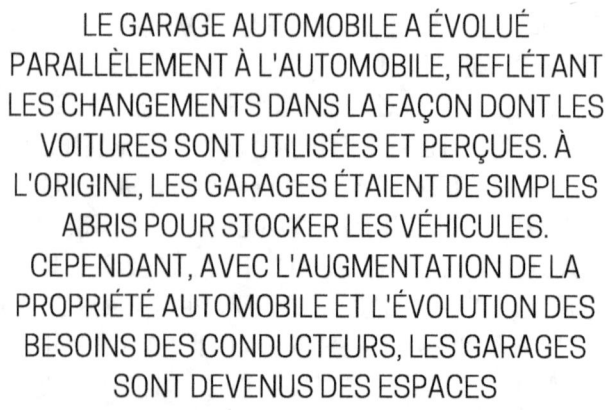

LE GARAGE AUTOMOBILE A ÉVOLUÉ PARALLÈLEMENT À L'AUTOMOBILE, REFLÉTANT LES CHANGEMENTS DANS LA FAÇON DONT LES VOITURES SONT UTILISÉES ET PERÇUES. À L'ORIGINE, LES GARAGES ÉTAIENT DE SIMPLES ABRIS POUR STOCKER LES VÉHICULES. CEPENDANT, AVEC L'AUGMENTATION DE LA PROPRIÉTÉ AUTOMOBILE ET L'ÉVOLUTION DES BESOINS DES CONDUCTEURS, LES GARAGES SONT DEVENUS DES ESPACES MULTIFONCTIONNELS. ILS SERVENT NON SEULEMENT DE STATIONNEMENT, MAIS AUSSI D'ATELIERS POUR L'ENTRETIEN ET LA RÉPARATION DES VOITURES, AINSI QUE D'ESPACES DE STOCKAGE POUR LES OUTILS ET LES ÉQUIPEMENTS. DANS DE NOMBREUX FOYERS, LE GARAGE EST ÉGALEMENT UN ESPACE POLYVALENT, UTILISÉ POUR DES ACTIVITÉS ALLANT DU BRICOLAGE À LA SALLE DE SPORT. CETTE ÉVOLUTION DES GARAGES REFLÈTE LA PLACE CENTRALE QU'OCCUPENT LES VOITURES DANS LA VIE QUOTIDIENNE MODERNE.

VOITURES ICONIQUES CINÉMA

LES VOITURES ONT SOUVENT JOUÉ DES RÔLES MARQUANTS DANS LE CINÉMA, DEVENANT PARFOIS AUSSI EMBLÉMATIQUES QUE LES PERSONNAGES EUX-MÊMES. UN EXEMPLE PARFAIT EST L'ASTON MARTIN DB5 DANS LES FILMS DE JAMES BOND. INTRODUITE DANS "GOLDFINGER" ET APPARUE DANS PLUSIEURS AUTRES FILMS DE LA FRANCHISE, L'ASTON MARTIN DB5 EST DEVENUE SYNONYME DE SOPHISTICATION, DE STYLE ET DE TECHNOLOGIE DE POINTE, REFLÉTANT L'ÉLÉGANCE ET LE MYSTÈRE DE JAMES BOND LUI-MÊME. CES VOITURES ICONIQUES NE SONT PAS SEULEMENT DES ACCESSOIRES; ELLES CONTRIBUENT À L'ATMOSPHÈRE ET À L'IDENTITÉ DES FILMS, ET DANS DE NOMBREUX CAS, SONT DEVENUES DES LÉGENDES DE LA CULTURE POP, CAPTIVANT LES FANS DE CINÉMA ET LES AMATEURS DE VOITURES DU MONDE ENTIER.

80

ENTRETIEN VITAL VOITURE

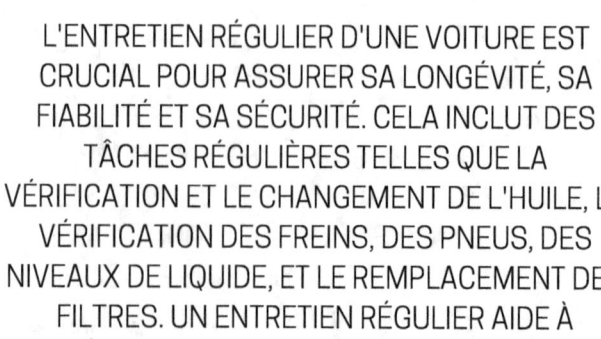

L'ENTRETIEN RÉGULIER D'UNE VOITURE EST CRUCIAL POUR ASSURER SA LONGÉVITÉ, SA FIABILITÉ ET SA SÉCURITÉ. CELA INCLUT DES TÂCHES RÉGULIÈRES TELLES QUE LA VÉRIFICATION ET LE CHANGEMENT DE L'HUILE, LA VÉRIFICATION DES FREINS, DES PNEUS, DES NIVEAUX DE LIQUIDE, ET LE REMPLACEMENT DES FILTRES. UN ENTRETIEN RÉGULIER AIDE À PRÉVENIR LES PANNES, RÉDUIT LE RISQUE D'ACCIDENTS LIÉS À DES DÉFAILLANCES MÉCANIQUES ET PEUT MÊME AMÉLIORER L'EFFICACITÉ DU CARBURANT. DE PLUS, LA MAINTENANCE RÉGULIÈRE PEUT AIDER À MAINTENIR LA VALEUR DU VÉHICULE EN MINIMISANT L'USURE AU FIL DU TEMPS. POUR BEAUCOUP DE PROPRIÉTAIRES, L'ENTRETIEN DE LEUR VOITURE EST ÉGALEMENT UNE FAÇON DE S'ASSURER QUE LEUR VÉHICULE RESTE UN MOYEN DE TRANSPORT SÛR ET AGRÉABLE POUR EUX-MÊMES ET LEURS PASSAGERS.

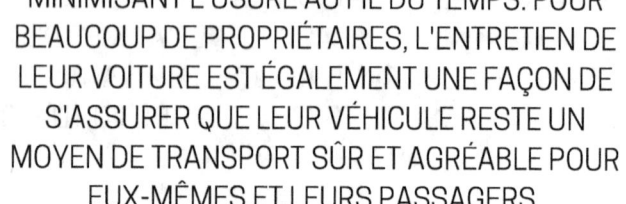

81

FEUX DE BROUILLARD

LES FEUX DE BROUILLARD SONT DES
ÉQUIPEMENTS SPÉCIAUX CONÇUS POUR
AMÉLIORER LA VISIBILITÉ DANS DES CONDITIONS
MÉTÉOROLOGIQUES DIFFICILES, TELLES QUE LE
BROUILLARD, LA PLUIE OU LA NEIGE.
CONTRAIREMENT AUX PHARES TRADITIONNELS
QUI PEUVENT REFLÉTER LA LUMIÈRE DANS LE
BROUILLARD ET RÉDUIRE ENCORE PLUS LA
VISIBILITÉ, LES FEUX DE BROUILLARD ÉMETTENT
UNE LUMIÈRE DIRIGÉE VERS LE BAS POUR
ÉCLAIRER LA ROUTE JUSTE DEVANT LE VÉHICULE.
ILS SONT GÉNÉRALEMENT MONTÉS PLUS BAS
SUR LE VÉHICULE POUR RÉDUIRE LA RÉFLEXION
ET PERMETTRE AU CONDUCTEUR DE MIEUX VOIR
LES MARQUAGES AU SOL ET LES OBSTACLES.
L'UTILISATION APPROPRIÉE DES FEUX DE
BROUILLARD PEUT AUGMENTER
CONSIDÉRABLEMENT LA SÉCURITÉ DE CONDUITE
DANS DES CONDITIONS MÉTÉOROLOGIQUES
DIFFICILES.

82

VÉHICULES POLICE SPÉCIALISÉS

LES VÉHICULES DE POLICE SONT CONÇUS ET ÉQUIPÉS SPÉCIFIQUEMENT POUR RÉPONDRE AUX EXIGENCES UNIQUES DES FORCES DE L'ORDRE. CES VOITURES SONT SOUVENT MODIFIÉES POUR AMÉLIORER LEUR PERFORMANCE, LEUR DURABILITÉ ET LEUR CAPACITÉ À RÉPONDRE RAPIDEMENT EN CAS D'URGENCE. ELLES SONT ÉQUIPÉES DE MOTEURS PLUS PUISSANTS, DE SUSPENSIONS RENFORCÉES ET DE FREINS AMÉLIORÉS POUR GÉRER DES POURSUITES À HAUTE VITESSE. EN OUTRE, LES VOITURES DE POLICE DISPOSENT DE SYSTÈMES DE COMMUNICATION AVANCÉS, DE SIRÈNES, DE FEUX DE SIGNALISATION D'URGENCE ET PARFOIS D'ÉQUIPEMENTS SPÉCIALISÉS COMME DES ORDINATEURS DE BORD ET DES SYSTÈMES DE RECONNAISSANCE DE PLAQUES D'IMMATRICULATION. L'INTÉRIEUR EST SOUVENT MODIFIÉ POUR INCLURE DES COMPARTIMENTS SÉCURISÉS POUR LE TRANSPORT DES SUSPECTS ET LE STOCKAGE DE L'ÉQUIPEMENT.

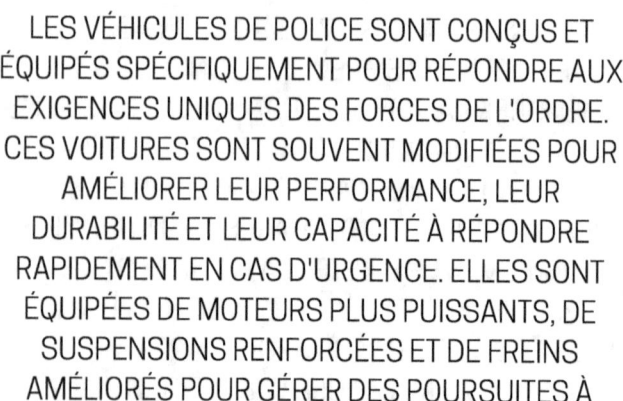

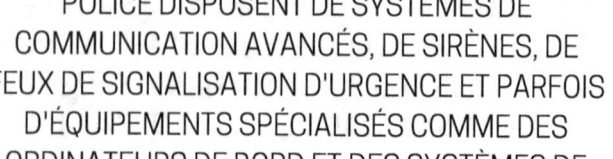

83

VOITURES BANDES DESSINÉES

DANS LE MONDE DES BANDES DESSINÉES, LES VOITURES ONT SOUVENT JOUÉ UN RÔLE EMBLÉMATIQUE, DEVENANT PARFOIS AUSSI CÉLÈBRES QUE LES PERSONNAGES EUX-MÊMES. UN EXEMPLE CLASSIQUE EST LA BATMOBILE, LA VOITURE DE BATMAN. PLUS QU'UN SIMPLE VÉHICULE, LA BATMOBILE EST UN ÉLÉMENT CENTRAL DE L'IDENTITÉ DU SUPER-HÉROS, REPRÉSENTANT LA TECHNOLOGIE, LA VITESSE ET LE STYLE. AU FIL DES ANNÉES, SON DESIGN A ÉVOLUÉ DANS LES COMICS, LES SÉRIES TÉLÉVISÉES ET LES FILMS, REFLÉTANT LES DIFFÉRENTES INTERPRÉTATIONS DU PERSONNAGE DE BATMAN. CES VOITURES DE BANDE DESSINÉE NE SONT PAS SEULEMENT DES MOYENS DE TRANSPORT; ELLES SONT DES EXTENSIONS DES PERSONNAGES ET CONTRIBUENT DE MANIÈRE SIGNIFICATIVE À L'UNIVERS ET À L'HISTOIRE DANS LESQUELS ELLES APPARAISSENT.

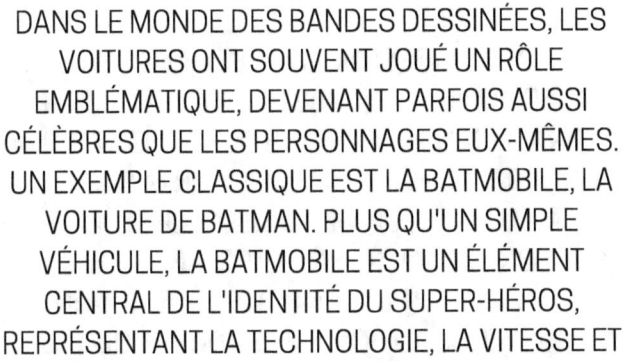

CONTRÔLE TRACTION

LES SYSTÈMES DE CONTRÔLE DE LA TRACTION SONT DES TECHNOLOGIES DE SÉCURITÉ AUTOMOBILE CONÇUES POUR EMPÊCHER LE PATINAGE DES ROUES DANS DES CONDITIONS DE CONDUITE DIFFICILES, COMME SUR DES ROUTES MOUILLÉES, GELÉES OU BOUEUSES. ILS FONCTIONNENT EN DÉTECTANT ET EN CONTRÔLANT LA QUANTITÉ DE TRACTION (ADHÉRENCE AU SOL) DE CHAQUE ROUE. SI LE SYSTÈME DÉTECTE QU'UNE ROUE COMMENCE À PATINER, IL AJUSTE AUTOMATIQUEMENT LA FORCE DE FREINAGE À CETTE ROUE ET/OU MODIFIE LA PUISSANCE DU MOTEUR POUR MAINTENIR LA STABILITÉ ET LA TRACTION. LE CONTRÔLE DE LA TRACTION AMÉLIORE NON SEULEMENT LA SÉCURITÉ EN RÉDUISANT LE RISQUE DE DÉRAPAGES, MAIS IL PEUT ÉGALEMENT AUGMENTER LE CONFORT DE CONDUITE EN OFFRANT UNE EXPÉRIENCE DE CONDUITE PLUS DOUCE ET PLUS CONTRÔLÉE.

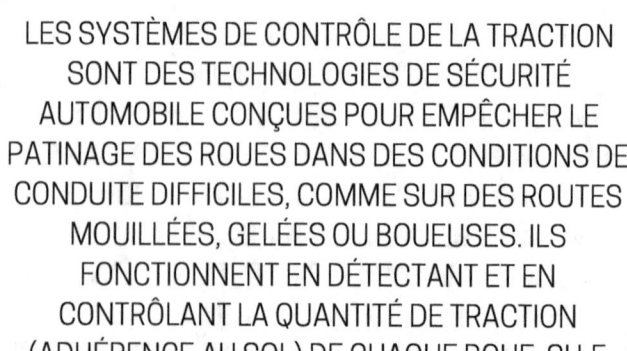

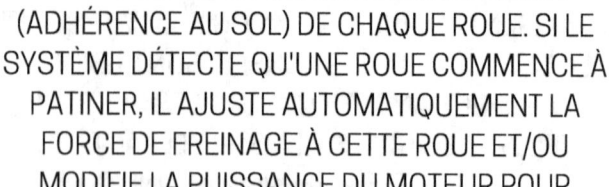

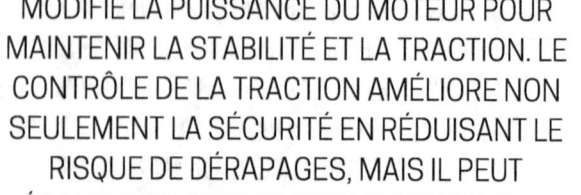

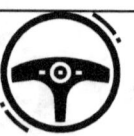

85

IMPACT ENVIRONNEMENTAL

L'IMPACT ENVIRONNEMENTAL DES VOITURES EST DEVENU UN SUJET MAJEUR DE PRÉOCCUPATION MONDIALE. LES VÉHICULES, NOTAMMENT CEUX À MOTEUR À COMBUSTION INTERNE, SONT D'IMPORTANTS CONTRIBUTEURS AUX ÉMISSIONS DE GAZ À EFFET DE SERRE, NOTAMMENT LE DIOXYDE DE CARBONE, AINSI QU'À LA POLLUTION ATMOSPHÉRIQUE DUE AUX OXYDES D'AZOTE ET AUX PARTICULES FINES. CES ÉMISSIONS ONT DES EFFETS NÉFASTES SUR LA QUALITÉ DE L'AIR, LA SANTÉ PUBLIQUE ET LE CLIMAT. EN OUTRE, LA FABRICATION ET LE RECYCLAGE DES VOITURES CONSOMMENT DES RESSOURCES IMPORTANTES ET PRODUISENT DES DÉCHETS. EN RÉPONSE, L'INDUSTRIE AUTOMOBILE S'ORIENTE VERS DES TECHNOLOGIES PLUS PROPRES ET PLUS DURABLES, TELLES QUE LES VÉHICULES ÉLECTRIQUES ET HYBRIDES, ET ADOPTE DES PRATIQUES DE PRODUCTION PLUS RESPECTUEUSES DE L'ENVIRONNEMENT.

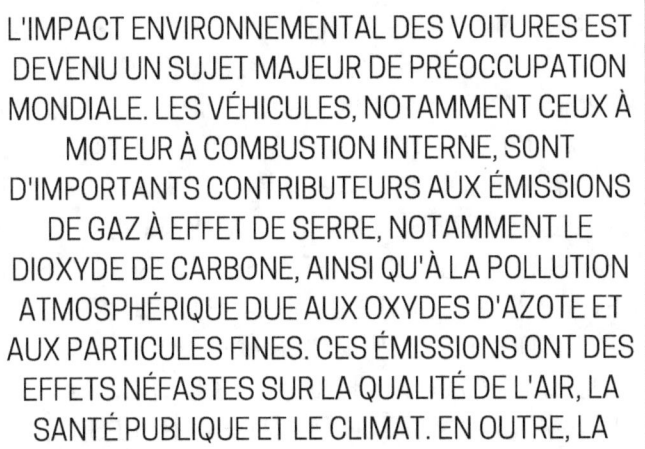

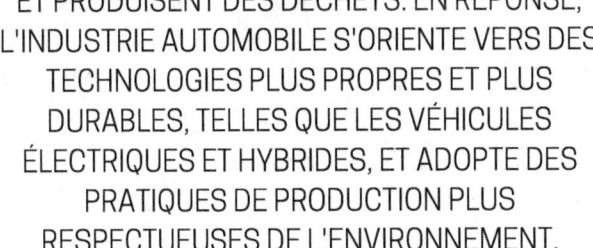

86

LICENCES FABRICATION

DANS L'INDUSTRIE AUTOMOBILE, LES LICENCES DE FABRICATION SONT DES ACCORDS PERMETTANT À UN CONSTRUCTEUR DE PRODUIRE UN VÉHICULE OU UNE TECHNOLOGIE SPÉCIFIQUE QUI A ÉTÉ CONÇUE PAR UN AUTRE FABRICANT. CES ACCORDS SONT COURANTS DANS LES SITUATIONS OÙ UN CONSTRUCTEUR SOUHAITE ÉTENDRE SA PORTÉE GÉOGRAPHIQUE OU TIRER PARTI DE L'EXPERTISE OU DE LA TECHNOLOGIE D'UN AUTRE. LES LICENCES PEUVENT COUVRIR DES MODÈLES SPÉCIFIQUES DE VOITURES, DES COMPOSANTS (COMME LES MOTEURS OU LES TRANSMISSIONS), OU DES TECHNOLOGIES (COMME LES SYSTÈMES HYBRIDES OU ÉLECTRIQUES). ELLES PERMETTENT AUX CONSTRUCTEURS DE RÉPONDRE RAPIDEMENT À LA DEMANDE DU MARCHÉ LOCAL, DE RÉDUIRE LES COÛTS ET D'ÉVITER LES DÉPENSES LIÉES AU DÉVELOPPEMENT DE NOUVELLES TECHNOLOGIES.

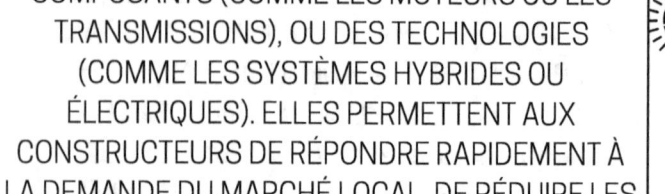

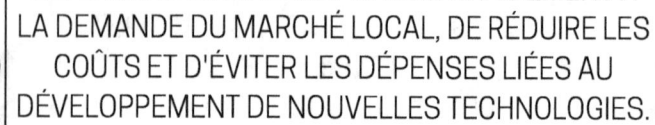

87

KIT CARS ASSEMBLAGE

LES VOITURES EN KIT, OU "KIT CARS", SONT DES VÉHICULES QUE LES ACHETEURS ASSEMBLENT EUX-MÊMES À PARTIR D'UN ENSEMBLE DE PIÈCES FOURNIES PAR LE FABRICANT. CES KITS CONTIENNENT TOUS LES COMPOSANTS NÉCESSAIRES POUR CONSTRUIRE LE VÉHICULE, BIEN QUE CERTAINS NÉCESSITENT DES PIÈCES SUPPLÉMENTAIRES D'AUTRES SOURCES, COMME DES MOTEURS OU DES TRANSMISSIONS. LES VOITURES EN KIT PERMETTENT AUX PASSIONNÉS DE CONSTRUIRE LEUR PROPRE VÉHICULE PERSONNALISÉ, SOUVENT DES RÉPLIQUES DE VOITURES CLASSIQUES OU DES DESIGNS UNIQUES. CETTE APPROCHE OFFRE UNE EXPÉRIENCE PLUS IMMERSIVE ET PERSONNELLE QUE L'ACHAT D'UN VÉHICULE MANUFACTURÉ, PERMETTANT AUX CONSTRUCTEURS AMATEURS DE CRÉER UN LIEN PLUS PROFOND AVEC LEUR VÉHICULE.

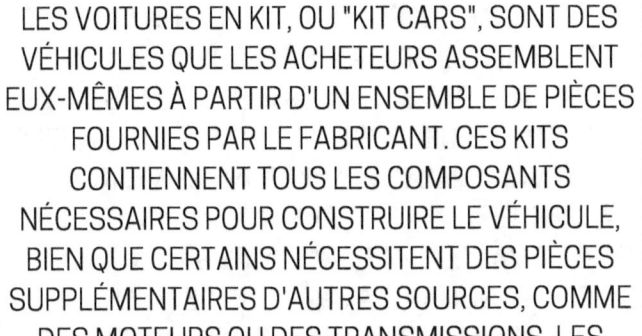

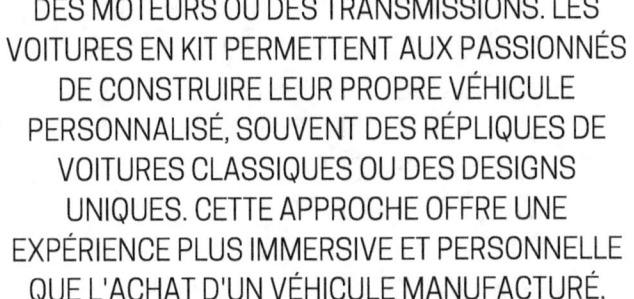

88

RECORDS CONSOMMATION

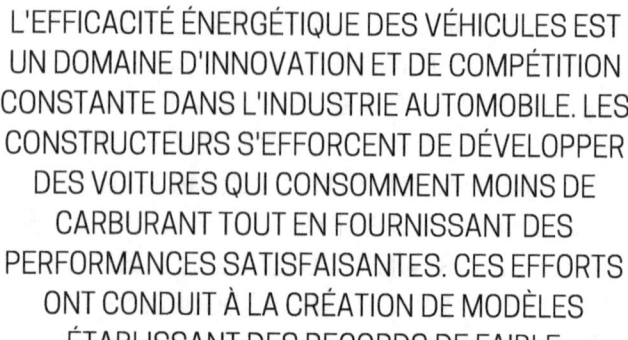

L'EFFICACITÉ ÉNERGÉTIQUE DES VÉHICULES EST UN DOMAINE D'INNOVATION ET DE COMPÉTITION CONSTANTE DANS L'INDUSTRIE AUTOMOBILE. LES CONSTRUCTEURS S'EFFORCENT DE DÉVELOPPER DES VOITURES QUI CONSOMMENT MOINS DE CARBURANT TOUT EN FOURNISSANT DES PERFORMANCES SATISFAISANTES. CES EFFORTS ONT CONDUIT À LA CRÉATION DE MODÈLES ÉTABLISSANT DES RECORDS DE FAIBLE CONSOMMATION DE CARBURANT. CES VÉHICULES, SOUVENT DES HYBRIDES OU DES VOITURES À MOTEUR THERMIQUE OPTIMISÉ, SONT TESTÉS DANS DES CONDITIONS CONTRÔLÉES POUR ÉVALUER LEUR KILOMÉTRAGE PAR LITRE OU GALLON. LES RECORDS D'EFFICACITÉ ÉNERGÉTIQUE SONT NON SEULEMENT DES RÉALISATIONS TECHNIQUES IMPORTANTES POUR LES FABRICANTS, MAIS ILS RÉPONDENT ÉGALEMENT AUX DEMANDES CROISSANTES DES CONSOMMATEURS POUR DES VÉHICULES PLUS ÉCONOMIQUES ET ÉCOLOGIQUES.

89

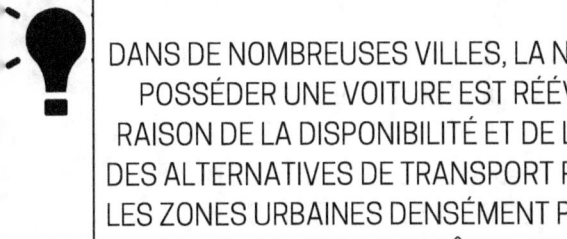

MODE VIE URBAIN

DANS DE NOMBREUSES VILLES, LA NÉCESSITÉ DE POSSÉDER UNE VOITURE EST RÉÉVALUÉE EN RAISON DE LA DISPONIBILITÉ ET DE L'EFFICACITÉ DES ALTERNATIVES DE TRANSPORT PUBLIC. DANS LES ZONES URBAINES DENSÉMENT PEUPLÉES, OÙ LA CIRCULATION PEUT ÊTRE DENSE ET LE STATIONNEMENT LIMITÉ, UTILISER DES TRANSPORTS EN COMMUN, DES VÉLOS, DES SCOOTERS OU MÊME MARCHER PEUT SOUVENT ÊTRE PLUS PRATIQUE. DE PLUS, L'ÉMERGENCE DES SERVICES DE COVOITURAGE ET DE LOCATION DE VÉHICULES À COURT TERME OFFRE UNE FLEXIBILITÉ SUPPLÉMENTAIRE. POUR BEAUCOUP DE CITADINS, POSSÉDER UNE VOITURE DEVIENT PLUS UN CHOIX DE STYLE DE VIE QU'UNE NÉCESSITÉ, REFLÉTANT UN CHANGEMENT DANS LES ATTITUDES ENVERS LA POSSESSION DE VOITURE ET LA MOBILITÉ.

90

PEINTURE AUTO ÉVOLUTIVE

LA TECHNOLOGIE DE LA PEINTURE AUTOMOBILE A CONSIDÉRABLEMENT ÉVOLUÉ, OFFRANT AUJOURD'HUI UNE MEILLEURE PROTECTION POUR LES VÉHICULES AINSI QU'UNE ESTHÉTIQUE AMÉLIORÉE. LES FORMULATIONS MODERNES DE PEINTURE FOURNISSENT UNE PROTECTION SUPÉRIEURE CONTRE LES RAYURES, LA CORROSION, LES RAYONS UV ET D'AUTRES ÉLÉMENTS ENVIRONNEMENTAUX. EN PLUS DES AVANTAGES PRATIQUES, LA TECHNOLOGIE DE LA PEINTURE A ÉGALEMENT PERMIS UNE PLUS GRANDE VARIÉTÉ DE COULEURS, DE FINITIONS ET D'EFFETS SPÉCIAUX, COMME LES PEINTURES MÉTALLISÉES, NACRÉES OU À CHANGEMENT DE COULEUR. CES INNOVATIONS PERMETTENT AUX CONSTRUCTEURS AUTOMOBILES ET AUX PROPRIÉTAIRES DE PERSONNALISER L'APPARENCE DES VÉHICULES, RENFORÇANT AINSI LE CARACTÈRE UNIQUE ET L'ATTRAIT ESTHÉTIQUE DES VOITURES.

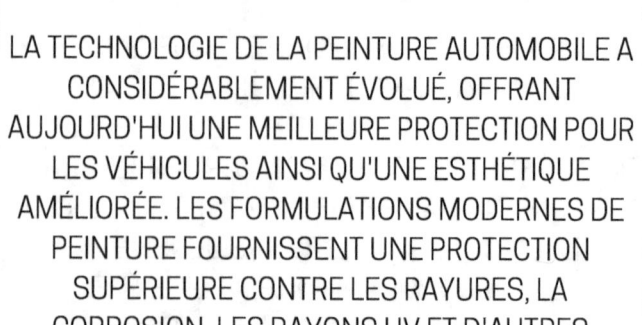

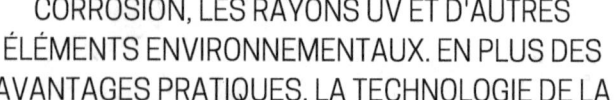

  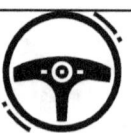 

91

VOITURES VIE RURALE

DANS LES ZONES RURALES, LES VOITURES SONT SOUVENT UN ÉLÉMENT VITAL DE LA VIE QUOTIDIENNE, EN RAISON DE L'ABSENCE OU DE L'INSUFFISANCE DES TRANSPORTS EN COMMUN. ELLES FOURNISSENT UNE MOBILITÉ INDISPENSABLE POUR DES ACTIVITÉS TELLES QUE SE RENDRE AU TRAVAIL, FAIRE DES COURSES, ACCÉDER AUX SERVICES DE SANTÉ ET PARTICIPER À DES ACTIVITÉS COMMUNAUTAIRES. DANS CES RÉGIONS, UNE VOITURE PEUT ÊTRE LA SEULE OPTION FIABLE POUR PARCOURIR DE LONGUES DISTANCES, SOUVENT SUR DES TERRAINS DIFFICILES OU DES ROUTES MOINS ENTRETENUES. LA DÉPENDANCE À LA VOITURE DANS LES ZONES RURALES SOULIGNE L'IMPORTANCE DE LA DISPONIBILITÉ ET DE L'ABORDABILITÉ DES VÉHICULES POUR GARANTIR L'ACCÈS AUX OPPORTUNITÉS ET AUX SERVICES ESSENTIELS.

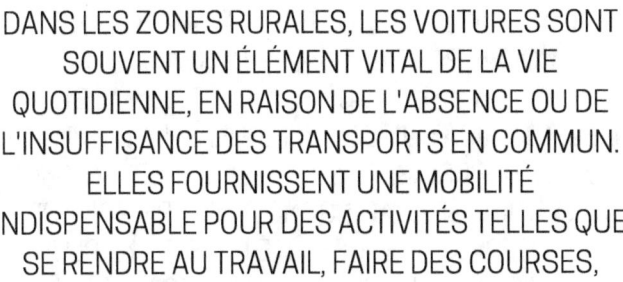

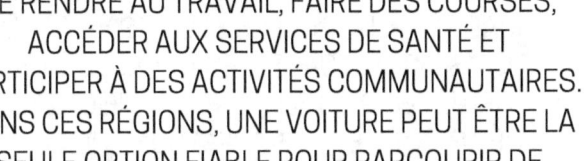

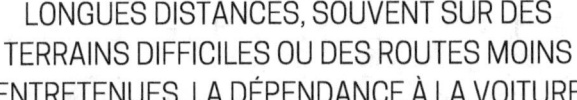
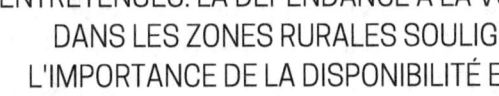

92

FUTUR AUTOMOBILE

L'AVENIR DE L'INDUSTRIE AUTOMOBILE EST FAÇONNÉ PAR DES INNOVATIONS MAJEURES TELLES QUE LA CONDUITE AUTONOME ET L'ÉLECTRIFICATION DES VÉHICULES. LA CONDUITE AUTONOME PROMET DE TRANSFORMER LA FAÇON DONT NOUS INTERAGISSONS AVEC LES VOITURES, EN OFFRANT UNE MOBILITÉ PLUS SÛRE, PLUS EFFICACE ET PLUS ACCESSIBLE. CES VÉHICULES UTILISENT DES CAPTEURS AVANCÉS, DES ALGORITHMES D'INTELLIGENCE ARTIFICIELLE ET DES SYSTÈMES DE NAVIGATION POUR SE DÉPLACER DE MANIÈRE INDÉPENDANTE, RÉDUISANT POTENTIELLEMENT LES ACCIDENTS CAUSÉS PAR L'ERREUR HUMAINE. PARALLÈLEMENT, L'ÉLECTRIFICATION DES VÉHICULES S'ACCÉLÈRE, AVEC UN INTÉRÊT CROISSANT POUR LES VOITURES ÉLECTRIQUES COMME ALTERNATIVE PLUS PROPRE ET PLUS DURABLE AUX VÉHICULES À COMBUSTION. CES TENDANCES INDIQUENT UN CHANGEMENT VERS DES FORMES DE TRANSPORT PLUS RESPECTUEUSES DE L'ENVIRONNEMENT ET TECHNOLOGIQUEMENT AVANCÉES.

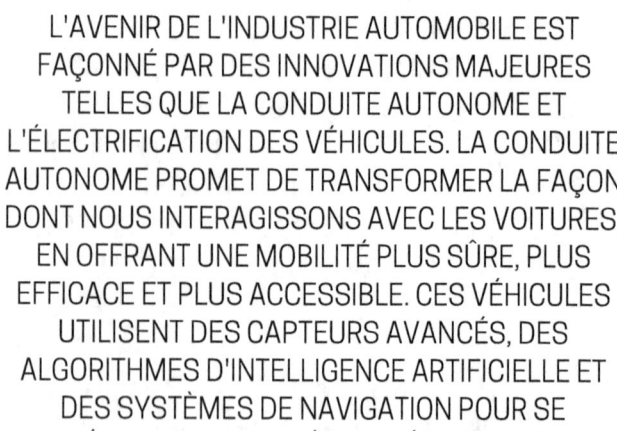

93

VOITURES CULTURE POP

TOUT AU LONG DU 20E SIÈCLE, LES VOITURES ONT EU UN IMPACT PROFOND SUR LA CULTURE POPULAIRE, SYMBOLISANT LA LIBERTÉ, L'INDÉPENDANCE ET LE STATUT. ELLES ONT ÉTÉ UN MOTEUR DE CHANGEMENT DANS DES DOMAINES TELS QUE LA MUSIQUE, LE CINÉMA ET LA LITTÉRATURE, SOUVENT REPRÉSENTÉES COMME DES SYMBOLES DE L'INDIVIDUALISME ET DE L'AVENTURE. DE LA BEAT GENERATION AUX FILMS DE ROUTE, DES CHANSONS EMBLÉMATIQUES AUX PUBLICITÉS, LES VOITURES ONT FAÇONNÉ DES ASPECTS SIGNIFICATIFS DE LA CULTURE ET DE L'IMAGINAIRE COLLECTIFS. ELLES ONT PERMIS AUX GENS DE PARCOURIR LE MONDE D'UNE MANIÈRE JAMAIS VUE AUPARAVANT, INFLUENÇANT LES MODES DE VIE, LES INTERACTIONS SOCIALES ET MÊME LES PAYSAGES URBAINS ET RURAUX. LA VOITURE EST PLUS QU'UN SIMPLE MOYEN DE TRANSPORT; ELLE EST DEVENUE UNE ICÔNE CULTURELLE, REFLÉTANT LES RÊVES, LES ASPIRATIONS ET LES VALEURS DE GÉNÉRATIONS.

SÉCURITÉ

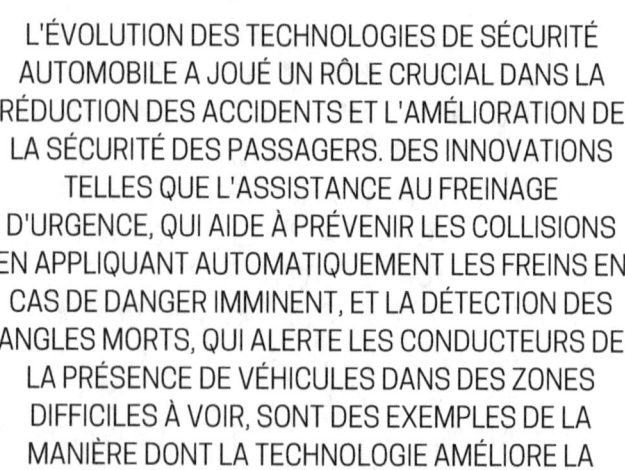

L'ÉVOLUTION DES TECHNOLOGIES DE SÉCURITÉ AUTOMOBILE A JOUÉ UN RÔLE CRUCIAL DANS LA RÉDUCTION DES ACCIDENTS ET L'AMÉLIORATION DE LA SÉCURITÉ DES PASSAGERS. DES INNOVATIONS TELLES QUE L'ASSISTANCE AU FREINAGE D'URGENCE, QUI AIDE À PRÉVENIR LES COLLISIONS EN APPLIQUANT AUTOMATIQUEMENT LES FREINS EN CAS DE DANGER IMMINENT, ET LA DÉTECTION DES ANGLES MORTS, QUI ALERTE LES CONDUCTEURS DE LA PRÉSENCE DE VÉHICULES DANS DES ZONES DIFFICILES À VOIR, SONT DES EXEMPLES DE LA MANIÈRE DONT LA TECHNOLOGIE AMÉLIORE LA SÉCURITÉ. D'AUTRES AVANCÉES, COMME LE CONTRÔLE DE STABILITÉ ÉLECTRONIQUE, LES SYSTÈMES D'AVERTISSEMENT DE SORTIE DE VOIE ET LES AIRBAGS LATÉRAUX, CONTRIBUENT ÉGALEMENT À PROTÉGER LES OCCUPANTS. CES TECHNOLOGIES REPRÉSENTENT UNE TENDANCE CROISSANTE VERS DES VÉHICULES PLUS INTELLIGENTS ET PLUS SÛRS, INTÉGRANT DES CAPTEURS AVANCÉS ET DES ALGORITHMES POUR AIDER À PRÉVENIR LES ACCIDENTS AVANT QU'ILS NE SE PRODUISENT.

95

IMPACT ÉCONOMIQUE

L'INDUSTRIE AUTOMOBILE EST UN PILIER ESSENTIEL DE L'ÉCONOMIE MONDIALE, JOUANT UN RÔLE SIGNIFICATIF DANS L'EMPLOI, LA PRODUCTION ET L'INNOVATION. ELLE EMPLOIE DIRECTEMENT ET INDIRECTEMENT DES MILLIONS DE PERSONNES DANS LE MONDE, DANS DES DOMAINES ALLANT DE LA FABRICATION À LA VENTE, EN PASSANT PAR L'ENTRETIEN ET LA PUBLICITÉ. CETTE INDUSTRIE EST ÉGALEMENT UN MOTEUR MAJEUR D'INNOVATION TECHNOLOGIQUE, AVEC DES INVESTISSEMENTS CONSIDÉRABLES EN RECHERCHE ET DÉVELOPPEMENT. LES VOITURES SONT L'UN DES PRINCIPAUX BIENS DE CONSOMMATION DANS DE NOMBREUX PAYS, ET L'INDUSTRIE AUTOMOBILE A DES LIENS ÉTROITS AVEC D'AUTRES SECTEURS ÉCONOMIQUES, TELS QUE LE PÉTROLE, L'ACIER, LE PLASTIQUE, LE VERRE ET DE NOMBREUX AUTRES. PAR CONSÉQUENT, LA SANTÉ DE L'INDUSTRIE AUTOMOBILE EST SOUVENT VUE COMME UN INDICATEUR DE L'ÉTAT GÉNÉRAL DE L'ÉCONOMIE MONDIALE.

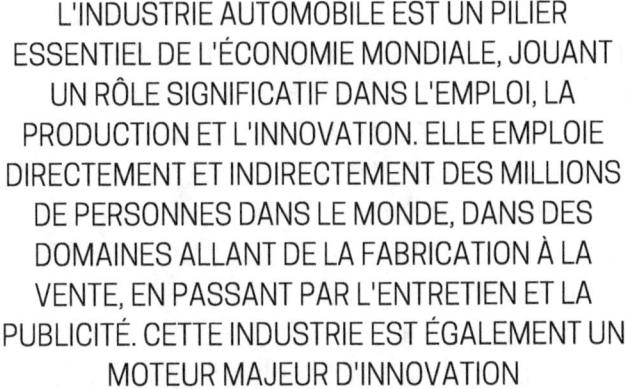

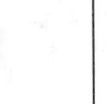

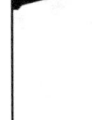

96

PUBLICITÉS VOITURES MARQUANTES

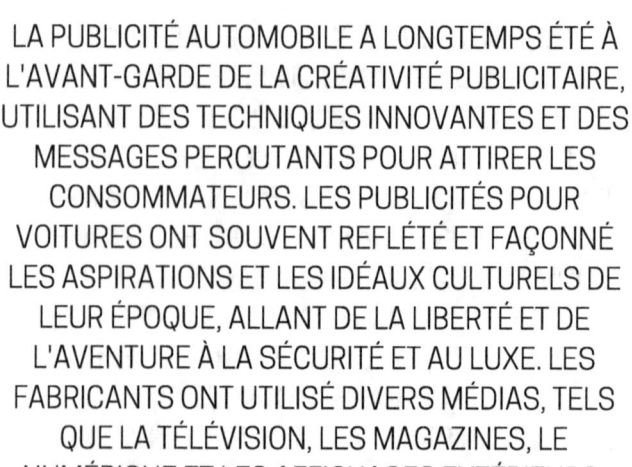

LA PUBLICITÉ AUTOMOBILE A LONGTEMPS ÉTÉ À L'AVANT-GARDE DE LA CRÉATIVITÉ PUBLICITAIRE, UTILISANT DES TECHNIQUES INNOVANTES ET DES MESSAGES PERCUTANTS POUR ATTIRER LES CONSOMMATEURS. LES PUBLICITÉS POUR VOITURES ONT SOUVENT REFLÉTÉ ET FAÇONNÉ LES ASPIRATIONS ET LES IDÉAUX CULTURELS DE LEUR ÉPOQUE, ALLANT DE LA LIBERTÉ ET DE L'AVENTURE À LA SÉCURITÉ ET AU LUXE. LES FABRICANTS ONT UTILISÉ DIVERS MÉDIAS, TELS QUE LA TÉLÉVISION, LES MAGAZINES, LE NUMÉRIQUE ET LES AFFICHAGES EXTÉRIEURS, POUR PRÉSENTER NON SEULEMENT LES CARACTÉRISTIQUES ET LES AVANTAGES DE LEURS VÉHICULES, MAIS AUSSI POUR ÉTABLIR UNE CONNEXION ÉMOTIONNELLE AVEC LE PUBLIC. LES PUBLICITÉS AUTOMOBILES ONT SOUVENT ÉTÉ DES RÉFÉRENCES DANS LE DOMAINE DE LA PUBLICITÉ, MARQUANT LES ESPRITS PAR LEUR CRÉATIVITÉ, LEUR INNOVATION ET LEUR CAPACITÉ À CAPTURER L'ESPRIT DU TEMPS.

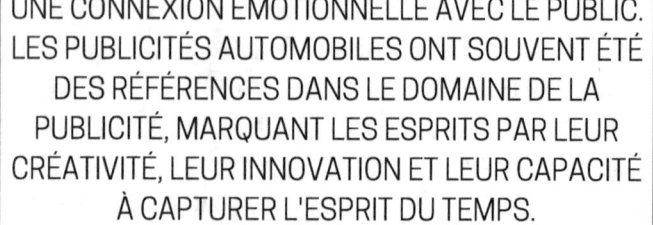

ASSISTANCE CONDUITE

LES TECHNOLOGIES D'ASSISTANCE À LA CONDUITE ONT RÉVOLUTIONNÉ L'EXPÉRIENCE DE CONDUITE, RENDANT LES VOYAGES PLUS SÛRS ET PLUS CONFORTABLES. CES SYSTÈMES AIDENT LES CONDUCTEURS DANS DIVERSES TÂCHES, AMÉLIORANT LA SÉCURITÉ ET RÉDUISANT LA FATIGUE AU VOLANT. LES AIDES AU STATIONNEMENT, PAR EXEMPLE, UTILISENT DES CAPTEURS ET DES CAMÉRAS POUR AIDER LES CONDUCTEURS À MANŒUVRER DANS DES ESPACES RESTREINTS. LES SYSTÈMES DE NAVIGATION AVANCÉS FOURNISSENT DES ITINÉRAIRES EN TEMPS RÉEL ET DES ALERTES DE TRAFIC POUR FACILITER LES VOYAGES. D'AUTRES TECHNOLOGIES, TELLES QUE L'ASSISTANCE AU MAINTIEN DE LA VOIE ET LE RÉGULATEUR DE VITESSE ADAPTATIF, AIDENT À MAINTENIR LE VÉHICULE DANS SA VOIE ET À UNE DISTANCE DE SÉCURITÉ DES AUTRES VÉHICULES, RÉDUISANT AINSI LE RISQUE D'ACCIDENTS. CES INNOVATIONS CONTINUENT D'ÉVOLUER, RAPPROCHANT L'INDUSTRIE AUTOMOBILE DE L'OBJECTIF À LONG TERME DE LA CONDUITE AUTONOME.

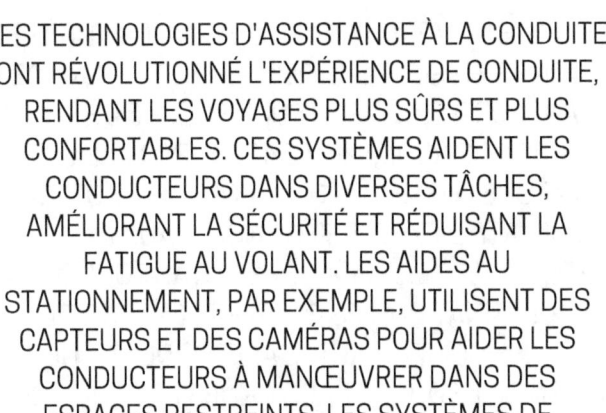

98

LOISIRS AUTOMOBILES

POUR DE NOMBREUX PASSIONNÉS, LES VOITURES SONT BIEN PLUS QUE DE SIMPLES MOYENS DE TRANSPORT; ELLES SONT UNE SOURCE DE PLAISIR ET DE LOISIRS. LES ROAD TRIPS, PAR EXEMPLE, SONT UNE FORME DE LOISIR POPULAIRE, OFFRANT LA LIBERTÉ D'EXPLORER DE NOUVEAUX ENDROITS ET DE PROFITER DU VOYAGE AUTANT QUE DE LA DESTINATION. LES RASSEMBLEMENTS DE VOITURES SONT UN AUTRE ASPECT DE LA CULTURE AUTOMOBILE OÙ LES PASSIONNÉS SE RÉUNISSENT POUR MONTRER LEURS VÉHICULES, ÉCHANGER DES CONNAISSANCES ET PARTAGER LEUR PASSION POUR LES VOITURES. CES ÉVÉNEMENTS PEUVENT INCLURE DES EXPOSITIONS DE VOITURES CLASSIQUES, DES COMPÉTITIONS DE TUNING, OU SIMPLEMENT DES RENCONTRES INFORMELLES. QUE CE SOIT POUR L'EXCITATION DE LA VITESSE, L'AMOUR DE LA RESTAURATION DE VOITURES CLASSIQUES, OU SIMPLEMENT LE PLAISIR DE CONDUIRE, LES VOITURES CONTINUENT DE JOUER UN RÔLE IMPORTANT DANS LES LOISIRS ET LES PASSIONS DE NOMBREUSES PERSONNES.

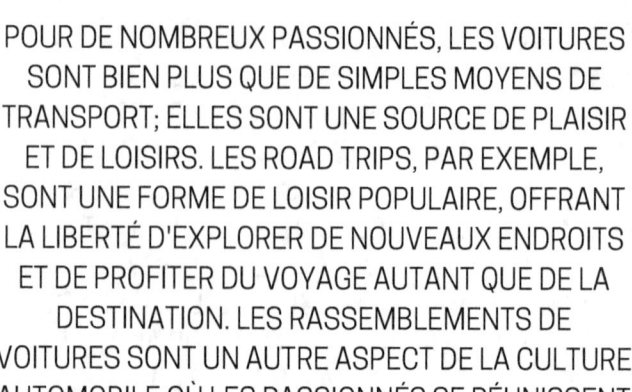

99

VOITURES URBANISME MODERNE

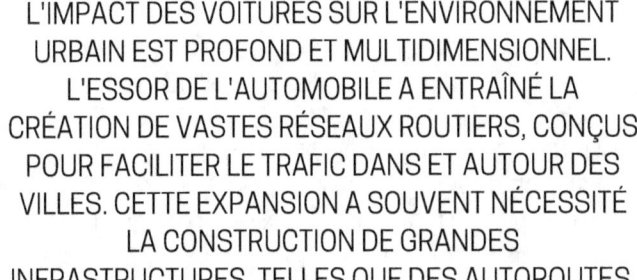

L'IMPACT DES VOITURES SUR L'ENVIRONNEMENT URBAIN EST PROFOND ET MULTIDIMENSIONNEL. L'ESSOR DE L'AUTOMOBILE A ENTRAÎNÉ LA CRÉATION DE VASTES RÉSEAUX ROUTIERS, CONÇUS POUR FACILITER LE TRAFIC DANS ET AUTOUR DES VILLES. CETTE EXPANSION A SOUVENT NÉCESSITÉ LA CONSTRUCTION DE GRANDES INFRASTRUCTURES, TELLES QUE DES AUTOROUTES, DES PONTS ET DES TUNNELS, MODIFIANT AINSI DE MANIÈRE SIGNIFICATIVE L'ASPECT ET LA FONCTIONNALITÉ DES ESPACES URBAINS. LES PARKINGS ET LES GARAGES SONT DEVENUS DES ÉLÉMENTS OMNIPRÉSENTS, OCCUPANT D'IMPORTANTES SURFACES AU SOL. EN OUTRE, LA FACILITÉ DE DÉPLACEMENT OFFERTE PAR LES VOITURES A ENCOURAGÉ L'EXPANSION DES BANLIEUES, OÙ DE NOMBREUSES PERSONNES CHOISISSENT DE VIVRE TOUT EN TRAVAILLANT EN VILLE, CE QUI A CONTRIBUÉ À L'ÉTALEMENT URBAIN. CES CHANGEMENTS ONT EU DIVERS EFFETS SUR LA VIE URBAINE, INFLUENÇANT TOUT, DE LA PLANIFICATION URBAINE AUX HABITUDES QUOTIDIENNES DES CITADINS.

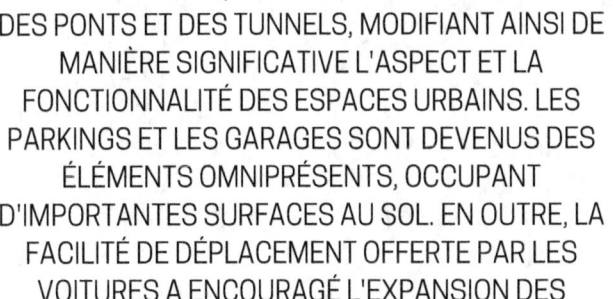

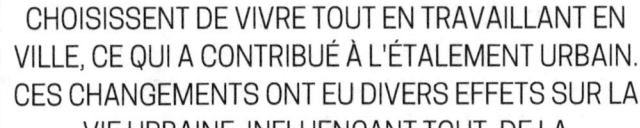

100

VISIONS FUTUR AUTO

L'AVENIR DE L'AUTOMOBILE S'ANNONCE RICHE EN INNOVATIONS ET EN CHANGEMENTS. L'UN DES DÉVELOPPEMENTS LES PLUS SIGNIFICATIFS EST L'AUGMENTATION DES VÉHICULES ÉLECTRIQUES (VE), QUI PROMETTENT DE RÉDUIRE LES ÉMISSIONS DE GAZ À EFFET DE SERRE ET LA POLLUTION ATMOSPHÉRIQUE. L'INTÉGRATION DE L'INTELLIGENCE ARTIFICIELLE (IA) EST UNE AUTRE TENDANCE MAJEURE, AVEC DES APPLICATIONS ALLANT DE LA CONDUITE AUTONOME À DES SYSTÈMES D'ASSISTANCE AU CONDUCTEUR PLUS AVANCÉS. CES TECHNOLOGIES POURRAIENT TRANSFORMER RADICALEMENT LA MANIÈRE DONT NOUS INTERAGISSONS AVEC NOS VOITURES, AMÉLIORANT LA SÉCURITÉ ET L'EFFICACITÉ TOUT EN RÉDUISANT LA CONGESTION ROUTIÈRE. PARALLÈLEMENT, L'INDUSTRIE AUTOMOBILE S'ORIENTE VERS L'UTILISATION DE MATÉRIAUX PLUS DURABLES ET RESPECTUEUX DE L'ENVIRONNEMENT, TANT DANS LES COMPOSANTS DES VÉHICULES QUE DANS LES PROCESSUS DE FABRICATION. CES AVANCÉES SUGGÈRENT UN AVENIR OÙ LES VOITURES SERONT PLUS PROPRES, PLUS INTELLIGENTES ET MIEUX INTÉGRÉES DANS DES SYSTÈMES DE TRANSPORT URBAIN DURABLES.

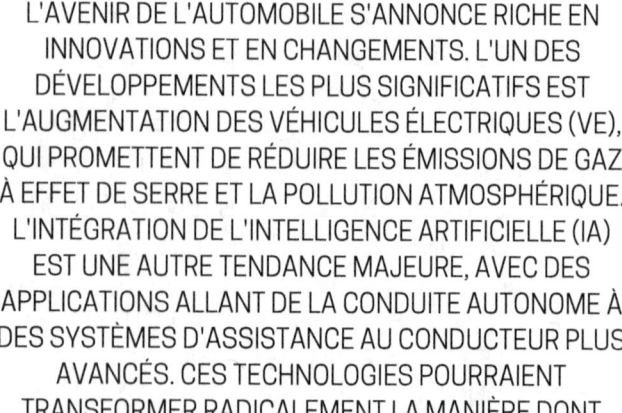